# 人材育成・人事の教科書

HBR'S 10 MUST READS ON REINVENTING HR

ハーバード・
ビジネス・レビュー
HR論文
ベスト11

ハーバード・ビジネス・レビュー編集部＝編
DIAMOND ハーバード・ビジネス・レビュー編集部＝訳

ダイヤモンド社

HBR'S 10 MUST READS On Reinventing HR

by Harvard Business Review


Published by arrangement with Harvard Business Review Press, Brighton, Massachusetts
through Tuttle-Mori Agency, Inc., Tokyo

# はじめに

　HR（Human Resources：人的資源）、すなわち人材は今日、企業競争力の最大の源泉です。事業のサービス化や、製品比重のハードからソフトへの移行、急激な技術革新、先進国企業の競争優位の変容、少子化・高齢化など、経営環境の劇的な変化を背景に、人的資源に求められるものは大きく変わっています。しかし、実際に経営戦略において、こうした変化への対応を的確に実践している企業は多くありません。既存の人事施策を十分に見直すことなく、踏襲しているのではないでしょうか。

　本書は、時代の変化を見据えた、人材の育成や、逸材を的確に活かす人事施策について、第一線の研究者や経営者が書いた論文を集めています。経営者や人事部のスタッフはもちろん、事業部門のマネジャー、リーダーを目指すすべてのビジネスパーソンの必読書です。

　米国の名門経営大学院、ハーバード・ビジネス・スクールの教育理念に基づいて、1922年、マネジメント誌 *Harvard Business Review*（HBR：ハーバード・ビジネス・レビュー）が創刊されました。同編集部とダイヤモンド社が提携し、日本語版『DIAMONDハーバード・ビジネス・レビュー』（DHBR）を1976年に創刊しました。以来、DHBRは月刊誌として、「優れたリーダー人材に貢献する」という編集方針の下、学術誌や学会誌のような無用な難解さを排し、「実学」に資する論文を提供しています。ビジネスパーソンがマネジメント思想やスキルを独学したり、管理職研修や企業内大学、さらにビジネススクールで教材としても利用されたりしています。

その米HBR誌の掲載論文から、同誌編集部が「人材を再開発するうえで必読」として厳選した11本の論文を集めたものが、本書です（各論文執筆者の肩書きは基本的に、論文発表時のものです）。

第1章「『最高の職場』をつくる6つの原則」は、今日、多くの企業や人々が志向している職場を論じています。「世界で最も働きがいのある会社」、それはいったいどんな会社でしょうか。

筆者らが、数百人の企業幹部に調査を行うと、理想的な組織は「社員に最高の仕事をさせることで、自社の持てる力を最大限に発揮する」という姿が浮かび上がりました。社員の取り組み意欲が高い企業では、期待を上回る業績を達成する可能性が高く、社員定着率や顧客満足度などでも、他社を圧倒します。本稿では、そのための6つの原則を挙げ、その職場に近づくためにクリアすべき課題と、それを克服している企業の事例を提示しています。今日、注目の概念である「企業の存続意義」がキーワードになっています。

フェイスブックのCOOシェリル・サンドバーグが、「シリコンバレーで公開された文書の中で最も重要なものの一つ」と称賛したファイルがあります。そのファイル作成者で、ネットフリックスの元チーフタレントオフィサー（最高人材責任者）が著した論文が、第2章「シリコンバレーを魅了したネットフリックスの人材管理」です。同社がなぜ従業員のモチベーションを高め、急成長を持続しているのか、その人事戦略が明かされています。章末コラムの同社創業者兼CEOリード・ヘイスティングスのインタビューは、同社の凄みを端的に示しています。

第3章「CHROは経営者たれ」は、CHRO（最高人事責任者）の責務と地位をもっと高めることを説きます。理由は無論、事業の成否が何にも増して人材にかかっているからです。大勢の執行役員の中の一人になっている現状を変えるべく、CEOが主導して、CFO、CHROとの3者（G3）会合を定期的に持つべきだと提言します。人材抜擢を進め、長期視点で経営者人材を育成していく新たな方法を詳述していきます。元ハーバード・ビジネス・スクール教授のラム・チャランやマッキンゼー・アンド・カンパニー　グローバルマネージングディレクターのドミニク・バートンらの経験に基づく提言は説得力があります。

第4章「アジャイル化する人事」は、近年の経営において最も重要な概念である「アジャイル」（俊敏さ）が、テクノロジー分野から広がり、製品開発や製造部門、そして人事部門にまで及んでいることを示します。急激に変わる事業環境に企業が適応していくには、競争力の源である人材においても、採用、育成、管理などで臨機応変、俊敏な施策が必要になるのです。

人事における最先端の動向を分析し、紹介するのが第5章「ピープルアナリティクスで人事戦略が変わる」です。社員データから抽出した統計学的な知見を用いて、人材管理の意思決定を行う「ピープルアナリティクス」は、近年多くの企業で、取り組む優先度が高い領域だと考えられています。企業内にはメールの送受信、チャット、ファイルの転送といった膨大なデータが存在し、これらを掘り下げて分析することで、社員に関する理解を深め、組織全体のパフォーマンスを上げることが可能です。

しかし、企業の多くは個々の社員に関するデータしか使っておらず、それ以上に重要な社員間の相互作用に関するデータに目を向けていません。本稿では、組織の改善につながるピープルアナリティクスを理解するための6つのポイントと、応用のためのフレームワークを提示しています。

第6章「終身雇用を捨てよう」は、リンクトインの共同創業者リード・ホフマンが2人の起業家とともに、雇用者と被雇用者の新たな雇用協定について考えていきます。従来施策の延長で、従業員に終身雇用を与えていては、俊敏な企業にはなれません。今日、最高の人材は一生一つの雇用者に仕えることなど望みません。雇用者と被雇用者の関係がすでに新たな形態を取り始めたシリコンバレーの状況を踏まえ、両者が同盟者としてお互いの成功を助け合い、価値を高める新たな関係について論じています。

第7章「社員の成長につながる人事評価システムをつくる」は、既存の人事評価システムを改善しようとする試みです。膨大な時間と労力をかけて実施しているのに、将来の業績向上や社員のコミットメント向上に結び付いているか疑わしい人事評価は、実際多いものです。この問題に、デロイトがマーカス・バッキンガム（ロングセラー『さあ、才能（じぶん）に目覚めよう』の著者）と共同で、新たな評価システムを設計し、その試行錯誤の中で得たことを詳述しています。

第8章「シニア世代を競争優位の源泉に変える」は今日、日本企業にとって最重要課題の一つでしょう。社会人口の少子高齢化が加速する中、シニア人材の能力や経験をいかに企業の価値創造につなげていくか。健康で活動的な高齢者が増える現状を、経営者が認識しないで、顧客と労働者の両方の市場におけるチャンスを見逃している企業がまだまだあります。高齢者への適切な施策は、実はあらゆる世代の社員たちにとって働きやすい環境をつくるという、多大な恩恵をもたらすことを本稿では示しています。

もう一つ、時代の潮流として見逃せないのが、人工知能（AI）の発達です。負の面から見れば、いずれあらゆる分野でAIが人間の仕事を奪ってしまうのではないかという懸念が生まれています。第9

章「コラボレーティブ・インテリジェンス：人間とAIの理想的な関係」は、この懸念を正に転換する考え方です。AIというテクノロジーの本領は、人間の能力に置き換わることではなく、人間の能力を補完し、強化することにあるとして、人間とAIが補完し合う「コラボレーティブ・インテリジェンス」を進めていくためのガイドラインを提示しています。

第10章「差別の心理学：ダイバーシティ施策を成功させる方法」は、米国における昨今の事件が象徴するように、人種やジェンダーの差別が社会にとって深刻な課題であるという事実を直視した論文です。1990年代末から2000年代初頭の大手金融企業は性差別や人種差別による訴訟騒ぎが注目され、各企業はダイバーシティにいっそう配慮するようになり、さまざまな取り組みが進められました。しかし、その効果は上がっていません。その理由として筆者らは、企業の施策がマネジャーのダイバーシティに対する考え方や行動を取り締まるものであり、それがかえって偏見を助長していると指摘します。本稿では、心理学的・社会学的な観点からこれまでの取り組みの欠点を分析し、有効な施策を提示しています。

そして、「人材の時代」に不可欠な施策を提言するのが、第11章「人材は潜在能力で見極める」です。変化の激しい時代に、人材に必要なのは「潜在能力」であり、それを見るには採用プロセスで（利己的でない）モチベーションのありようを探ることがまず第一だと提言しています。そのほか、好奇心、洞察力、愛着心、意志力などを見ることも必要です。それらを見極めるための具体的な質問例、潜在能力を持つ社員の引き止め方、成長のさせ方、制度設計など、さまざまな人材採用、育成のヒントを見出すことができるでしょう。

本書は、「HBR誌において読むべき10論文」シリーズの一つですが、原書タイトルは*HBR's 10 Must Reads on Reinventing HR*（with bonus article "People Before Strategy" by Ram Charan, Dominic Barton, and Dennis Carey）とあり、全部で11本の論文で構成されています。また、第11章「人材は潜在能力で見極める」は同じシリーズの既刊書籍『経営者の教科書』にも収録されています。なお、論文集ですので、掲載順は気にせず、ご関心のあるテーマから読まれることをおすすめします。

DIAMOND ハーバード・ビジネス・レビュー編集部

『人材育成・人事の教科書』

目次

第1章

# 「最高の職場」をつくる6つの原則

ロンドン・ビジネススクール 名誉教授
ロブ・ゴフィー
IEビジネススクール 客員教授
ガレス・ジョーンズ

"Creating the Best Workplace on Earth"
*Harvard Business Review*, May 2013.
邦訳「『夢の職場』をつくる6つの原則」
『DIAMONDハーバード・ビジネス・レビュー』 2013年12月号

**Rob Goffee**
ロンドン・ビジネススクールの名誉教授。組織行動学を担当。

**Gareth Jones**
マドリッドのIEビジネススクールの客員教授。

## 「夢の職場」と呼ばれる条件

世界で最も働きがいのある会社をつくりたいとしよう。それはどんな会社だろうか。筆者らは3年にわたり、世界中で行った調査やセミナーで、数百人の幹部に理想とする組織とはどのようなものかを説明してもらい、その答えを探ってきた。

この課題に取り組んだのは、「リーダーとして本物であるか」と「リーダーシップの有効性」との関係を探る、筆者らの研究がきっかけとなった。

一言で言うと、「この人は本物でない」と感じられるリーダーに社員はついていかないということだ。ところが筆者らが調査した幹部たちは、自分がリーダーとして本物であるためには、本物の組織のために働いている必要があると明言したのである。

彼らは何を言いたかったのだろう。当然ながら、多くの回答は極めて具体的なものだった。しかしそれぞれの環境や業界、個人的な野心の違いを超えて、次の6つの共通する基本原則を見出すことができた。この6つを合わせると、社員に最高の仕事をさせることで、自社の持てる力を最大限に発揮する組織の姿が浮かび上がる。

筆者らはこれを「夢の職場」と名づけた。それは一言で言うと、以下のような企業だ。

❶個人個人のさまざまな違いを尊重して活用する。
❷情報を抑制したり、操作したりしない。
❸社員から価値を搾り取るだけでなく、会社側も社員の価値を高める。
❹何か有意義なことを支持している。
❺業務自体が本質的にやりがいのあるものである。
❻愚かしいルールがない。

これらの原則はあまりにも常識的に思えるかもしれない。この条件を満たした職場で働きたくないという人がいるだろうか。幹部たちは間違いなくこれらの原則のメリットを認識しているし、そのメリットは多くの研究によっても確認されている。その例を2つ挙げよう。

コンサルティング会社のヘイグループによる調査では、取り組み意欲が高い社員は、意欲が最低の社員と比べて、期待を上回る業績を達成する可能性が平均して50％以上高いことが明らかになっている。また、社員の取り組み意欲が高い企業は、意欲が最低の社員を抱える企業を、社員定着率で54％、顧客満足度で89％上回り、増収率では4倍にもなっている。

ロンドン・ビジネススクールの同僚であるダン・ケーブルが最近行った研究は、職場で本物の自分、ありのままの自分を出すことが歓迎されていると感じる社員は、組織へのコミットメント、個々の業績、他の社員を助ける傾向において高い水準にあることを示している。

ところが、この6つの特徴をすべて備える組織は、存在するとしてもごくわずかだ。いくつかの特徴は、従来の業務慣行や染み付いた習慣に逆行する。それ以外のものは率直に言って複雑であり、実施するのに手がかかる場合もあるし、お互いに矛盾する特徴もある。大半のものは、実現しようと思えばリーダーは対立する利害を調整し、自分の限られた時間と注意の配分方法を考え直す必要がある。

そのためほとんどの場合、夢の職場は手の届かない憧れの存在のままである。そこで本稿では、筆者らの研究から判明したことを挑戦課題として紹介しよう。考えうる限り最も生産的で、働きがいのある職場環境を生み出したいと願うリーダーおよび組織は、この課題に挑戦してみてほしい。

## ありのままでいられる組織にする

企業が個人個人の間にあるさまざまな違いを尊重し、積極的に活かそうとする場合、えてして性別、人種、年齢、民族性など従来のダイバーシティ（多様性）の区分だけに限定して考えがちだ。その努力は立派ではあるが、筆者らがインタビューを行った幹部たちは、それよりとらえにくいものを追求していた。それは観点の違い、思考習慣の違い、行動や判断のもとになる前提の違いである。

たとえば世界的に優れたある大学の副総長は、研究熱心な研究室を探るために、夜遅くキャンパスを歩き回った。現実的な考え方をする物理学者でもある彼は、理科系の実験室を予想していた。ところが大変驚いたことに、古代史、演劇、スペイン語学科など、あらゆる学問分野で夜中まで熱心に研究にいそしむ姿が見られたのだ。

理想的な組織は、組織内の支配的な傾向——企業文化から仕事のやり方、服装のルール、伝統、行動や判断を支配する前提など——を十分に意識しつつも、この副総長と同じように、それを超える努力を意識的に行うものだ。

たとえば、お堅い金融機関が短パンとサンダル姿のIT部門の連中を受け入れることだけではなく、最先端のくだけた組織で誰かがスーツ姿で出社しても、冷ややかな目で見られないということでもある。あるいは、ほぼ全社員が不規則な時間に出社する組織でも、9時~5時の定時出社を好む少数の社員に居場所があるということだ。

世界最大の（しかも急成長中の）高級品企業であるモエ ヘネシー・ルイ ヴィトン（LVMH）には、さぞかし才気あふれ創造性に富んだイノベーターが揃っていると思うだろう。たしかにその通りで、マーク・ジェイコブスやフィービー・ファイロがいる。しかし彼らのような社員だけではない。ビジネスの観点から見て、アイデアを分析・評価する経営幹部や、専門スキルを持つ社員の割合が予想以上に多いのだ。

LVMHの成功要因の一つは、正反対のタイプの社員が活きいきと共存し、協力し合う文化があることだ。その秘訣は慎重な人選にある。すなわちLVMHは、自分のデザインが市場で受けることを願い、そのためには商品としての潜在価値を見抜くスキルの高い人がチェックしてくれるのはありがたいと考えるデザイナーやアーティストを求めているのだ。

社員のあらゆる知識や才能を全面活用することのメリットはおそらく明らかであるが、実際にそれを実現している企業はあまりにも少ない。これは驚くに当たらない。理由の一つは、偏見や先入観に気づくことが難しいからだ（前述の勤勉な副総長が、研究が熱心に行われているかどうかは、深夜まで実験作業が行われているかで判断できるという前提に立っていたのが、よい例だ）。

しかしもっと根本的な理由は、社員の個性を伸ばして活用しようとすることが、明確なインセンティブ制度とキャリアパスの構築によって、組織の効率性を高めようとする動きに真正面から逆行するからだ。能力モデルや人事評価制度、目標値を設定したマネジメント、厳密な採用方針などは、いずれも許容できる社員の行動範囲を狭めてしまうことになる。

## 組織の仕組みを見直す

したがって、個性の尊重と活用をうまく行おうとするならば、組織の規律をある程度放棄する必要があるかもしれない。おそらく世界で最も独創的なエンジニアリングと設計を行う企業である、アラップを例に挙げよう。

シドニーのオペラハウスやパリのポンピドーセンターから北京の国家水泳センターまで、同社はその土地の象徴となる建物を多数手がけている。それらの建物にはアラップならではの特徴が際立っている。アラップは、仕事に対して全体的な観点を優先する取り組み方をする。たとえば、つり橋の建設を請け負った場合、それを直接依頼した顧客の利害だけでなく、その橋を利用することになる地域一帯にも目を配る。そのため、アラップの社員は、数学者や経済学者、芸術家、政治家とも一様に協力する。したがって、アラップは異なるスキルセットと個性を取り込む能力が戦略の要であると考えている。「完全にぴったりとはこない……、しかし思いも寄らなかったところに我々を導いてくれるような、面白い要素があってほしいのです」と会長のフィリップ・ディレーは語る。「一糸乱れぬ整然とした姿になってしまうのを阻止すること……、それはいまや私の仕事の一部となっています」

このような世界では従来型の評価システムが役に立たない。そのためアラップは数値で表す方式の業績評価は行わないし、社員のキャリアアップや能力開発に関する企業方針も規定していない。マネジャーは社員に何を期待しているかを明確に伝えるが、それを実現する方法は個人個人が決める。「自分で決めるということは、自分が進路を定め、自分の成功にアカウンタビリティ（説明責任）を負うということです」。ある人事部門の責任者は「自己開発と昇進は社員個々の問題であり、我々が行うのはそのサポートです」と説明している。

昔ながらの企業は、これではあまりに規律がなさすぎだと思うだろうか。ではウエイトローズを例に挙げてみよう。同社は市場シェア、収益率、顧客や社員の忠誠心などさまざまな評価指標から見て英国で最も成功している食品小売企業の一つである。小売りは業務プロセスの効率化が避けて通れない業界である。しかし、同社はクリエイティビティのちょっとしたひらめきを育むことで、顧客経験に大きな差を生み出すところに自社の強みがあると考えている。

ウエイトローズは協同組合である。すなわち全社員が共同所有者であり、同社の年間利益を分かち合う。したがって社員の忠誠心が高いのも不思議ではない。しかしそうであるにせよ、同社は社員の個人的関心を引き出してサポートするためにはどんな苦労も惜しまない。

もしピアノを習いたければ、ウエイトローズはレッスン料の半額を支払ってくれる。料理、工芸、水泳などのサークル活動を盛り立てる文化もある。筆者らの友人の父親はヨットの操縦を習ったが、それは同社に勤めていたからだという。このような方法で、社員が安心してありのままの自分でいられる雰囲気の醸成に努めている。ある上級幹部から「友人や家族が職場に来て私を見かけたら、すぐに私だとわかります」と言われて、筆者らははっとしたものだ。

「優れた小売業者は、他人と少々違ったやり方をする、味のある社員に頼る部分が大きいのです」と別の幹部は説明した。「長年そんな人たちが大勢、我が社に勤めました。彼らを大事に育てるように心がけ、我が社の体制が彼らをはみ出し者にすることが絶対にないようにしなければなりません」

予測可能性を追求すると、その結果生まれるのは、画一性・同調性の文化、すなわちエミール・デュルケームが「機械的連帯」と名づけたものだ。しかしLVMHやアラップ、ウエイトローズのような企業は「有機的連帯」から生まれる。有機的連帯が形成できるかどうかは、個人個人の違いを生産的に活用できるかどうかにかかっているとデュルケームは指摘している。

なぜわざわざそんな面倒なことをするのか――。筆者らは、相互保険会社であるニューヨーク・ライフを率いるテッド・マーサスの発言が最も的確にこれを説明していると考える。「CEOに任命された時に一番気になったのは、この任務に就いたら、自分の思うままに発言させてもらえるかどうかということでした。いい仕事をするためには、ありのままの自分でいる必要がありましたからね。誰でもそうですよ」

## 情報の流れを解き放つ

夢の職場は、「騙さない」「妨害しない」「歪曲しない」「操作しない」。フェイスブック、ウィキリークス、ツイッターの時代において、夢の職場は誰かに先を越される前に、みずから人々に真実を話したほうが得策だと認識している。また、自分の仕事をするためには、現在会社で何が起こっているのかを知りたいという社員のニーズを尊重する。

状況の変化が激しいために全員の足並みを揃えるのがすでに難しくなり、上から下まで全社員がもっと戦略的に考えるように指示されている環境では、ことのほかそうである。それはどのような企業のマネジャーにとっても自明のことだと思われるかもしれない。ところが現実には、筆者らの言う「徹底的な正直さ」、すなわち「包み隠すことなく、完全で、明確かつタイミングのよいコミュニケーション」を妨げる要素は数え切れないほどある。

たとえばマネジャーによっては、必要なことだけ知らせるというやり方で情報を小出しにすることは、効率性を維持するために重要だと考える人もいる。情報を伝えて部下を心配させたり、解決策を見出す前に問題を明らかにしたくないという、一見罪のない親心のようなものを発揮するマネジャーもいる。別のマネジャーは、組織に対する忠誠心から「体面を保つ」べく、最悪の状況にあってもポジティブな印象を与えるように情報操作を行うのは自分の義務だと考えている。

悪い話を伝えることに後ろ向きなのは、極めて人間的なことである。そして多くの経営幹部は、この傾向が極めて重要な情報の流れを妨げうることを熟知している。

製薬会社ノボ ノルディスクで1990年代にCEOを務めた、マッズ・オブリセンの例を紹介しよう。当時、同社がデンマークに持つインスリン製造施設でFDA（米国食品医薬品局）規制違反の問題が深刻化し、規制当局は米国市場におけるこのインスリン薬の販売を禁止する一歩手前まで行ったほどだった。

ところが、いまになって考えると信じられないことだが、当時誰もこの状況をオブリセンに伝えなかった。というのもノボ ノルディスクは、悪い話は社内役員の耳には絶対入れないという企業文化の下に運営されていたからだ。

同社は全社的に品質管理システムを見直すことで、この状況を是正するための正式な一歩を踏み出した。すなわち業務プロセスと手順、そして問題に関連する社員全員の研修を見直したのである。やがてこれは新製品開発、製造、流通、営業、サポートシステムにも拡大された。全社的にはビジョン、中核となる価値観、一連の経営原則を「ノボ ノルディスク・ウェイ」としてはっきりと明文化した。

この危機的状況の根本原因を探り当てるために、オブリセンは「組織円滑化」と命名した、ありのままの情報の流れを促進するプロセスを通じて、正直であることを重視する新たな企業文化の形成に手をつけた。

現在同社では、勤続年数の長い円滑化推進役（社内運営の監査役）を中心とするチームが世界各地に広がる関連会社のすべてを定期的に視察している。社員とマネジャーを無作為に抽出して面談を行い、

ノボ ノルディスク・ウェイが実施されているかどうかを査定するのだ。たとえば社員は、問題がある時でさえ現状をできるだけ素早く社内外の全ステークホルダーに伝えなければならないことは認識している。しかし、はたして本当にそれを実行できているのか――。多くの社員が筆者らに語ったところによれば、このような現場訪問によってビジネスの根本的な価値と業務プロセスについて正直な話し合いが促されるので、彼らは訪問をありがたいと思っている。

徹底的な正直さはなかなか実践できるものではない。そのためには多くの異なる情報伝達経路（コミュニケーションチャネル）を確立する必要があり、その維持に時間を取られる可能性もある。また、それまで情報から隔離されていた幹部マネジャーはいくぶん自尊心を傷つけられることもあろう。

ノボ ノルディスクでは先頃全オフィスにおいて炭酸飲料の販売を禁止した。その結果どうなっただろうか。同社の社内ニュースサイトであるPeopleComには、これに反応した社員から数百もの熱の込もった書き込みがあった。一部の社員は、個人の自由を侵害するものだと見なした（ある社員は憤慨して、「次にノボ ノルディスクが私にさせないように『口を出す』のは何だろうか」とコメントした。「糖分の摂取量を減らすために新鮮な果物を禁止することだろうか」）。それ以外の社員は、論理的に考えればこの方針は糖尿病予防に対する同社の姿勢の延長上にあるものだとして擁護した（「甘いソフトドリンクを自分で買うことはできるのだから……。ノボ ノルディスクはセブン-イレブンであってはならない」）。これらのコメントすべてに本人の名前が入っていたことは、正直であることがどれほど社内文化に行きわたったかを示すものである。

正直であれといっても、企業秘密の厳守は必須である。また筆者らは、正直であれば問題の発生は必ず防げると言うつもりはない。特に規制が厳しく、定期的に監視下に置かれるような業界においてはそうである。それでも、企業の経営幹部は、本能的に必要と感じる水準よりもはるかに透明性を重視したほうがいいと筆者らは考える。

とりわけ現在は、従業員の間でも顧客の間でも企業への信頼感が低下し、真実を見えにくくするバックグラウンドノイズがことのほか高まっている時代である。組織は自社の意見を人々に聞いてもらい、信用してもらうために、現状を包み隠さず伝えるよう一生懸命努力しなければならない。

## 社員の長所を伸ばす

夢の職場は、社内トップレベルの社員でさえも、さらにいちだんと優れた人材に育てる。そして社内で最もできない社員たちを、本人が想像もできなかったほどのレベルに伸ばす。好景気で人材獲得合戦が熾烈な時代であれば、新たな人材の獲得コストと比べて、既存スタッフを育成するメリットが大きいことはわかりやすいだろう。

しかしそのような状況でも、社員がより有望なチャンスを求めて他社に移ると、投資が無駄になったといって企業は不満をもらす。好景気であれ不景気であれ、マネジャーは、社員を有能に育てるという長期目標を達成するよりも、人件費を最小化したほうがはるかに報われることが多いのが現状だ。人材育成の価値が広く認識され、よく理解もされているのに、実現されていないケースが多いのは、おそらくそれが理由である。

一流の大学や病院、ゴールドマン・サックスやマッキンゼー・アンド・カンパニー、そしてアラップのような設計会社はいずれも、はるか以前から価値ある人材にさらなる価値を与えている。最近ではグーグルやアップルも挙げられる。このような組織はネットワークを提供し、創造性を刺激するような同僚との対話を促進し、ストレッチした目標を与え、研修を行い、社員がエリートと思われるようなブランドを構築するなど無数の手段を通して、価値ある人材にさらなる価値を与えているのだ。このいずれもが難題ではないし、誰から見ても目新しい内容でもないだろう。

しかし、優秀な人材を探し出し、研修を行い、定着させることの難しさは、専門性の高い業界やハイテク産業、あるいは高度な金融業界だけに留まらない。雇用主と社員の関係は多くの業界で、「社員からどれだけ価値を搾り取ることができるか」から「社員にどれだけの価値を注ぎ込むことができるか」に変わりつつあると筆者らは考える。実はこれこそ、生産性向上が本来意味するものである。

コスト効率を第一に掲げて創設されたマクドナルドを例に取ろう。求職者があふれる経済状況下であっても、マクドナルドは第一線に立つ社員の育成に焦点を合わせている。しかもその取り組み規模は巨大だ。英国での同社の従業員は8万7500人いるが、彼らが働きながら全国的に認められた学位を取れるよう、年間3600万ポンド（約56億円）を投資している。

研修制度を取り入れている企業の中で同国内最大手であるマクドナルドは、2006年にプログラムを導入して以来、3万5000人にこのような学位を取得させている。毎週教室6つ分の生徒数に相当する社員が、数学および英語の正式な資格を得ており、さらに毎日20人の社員が研修制度の利用資格を得ている。

多くの大企業と同じように、マクドナルドも幹部向けに広範な管理者研修プログラムを揃えているが、同社は対象を店長、部門長、シフトマネジャーにも拡大している。彼らは第一線で日々リーダーとして、店員のモチベーションを高め、自分が担当するシフトの売上目標を達成するのに必要なコミュニケーションやコーチングのスキルを学ぶ。同社のこの投資に対するリターンは、増収額や増益率で測るのではなく、時間給で働く店長や店員の退職率が低くなったかどうかで評価される。このプログラムが開始されてから退職率は確実に下がってきている。それは2007年以降、グレート・プレース・トゥ・ワーク・インスティテュートが発表する「働きがいのある会社」ランキングの上位50社に、毎年マクドナルドが選ばれていることにも反映されている。

人材育成をどこまで拡大できるかを示すために、ロンドン五輪組織委員会による「ゲームズ・メーカーズ」（ロンドン五輪でのボランティアの呼び方）のトレーニングを例に挙げよう。同委員会は、平時としては英国史上最大の人員、すなわち10万以上の契約職員、7万人以上のゲームズメーカー（ボランティア）、8000人以上の有給スタッフを集め、活動を取りまとめる必要があった。そこで、大胆でアイデア豊かなプログラムを通じて、それまで働いたことがない人やボランティア経験のない人を採用し、研修を行ったのである。

たとえばトレールブレーザー（先駆者）というプログラムでは、有給スタッフに対して、多様な社会的背景を持つボランティアたちとうまく働く方法を教えた。パーソナルベストというプログラムでは、地方官庁と協力して、恵まれない境遇にある長期失業者7500人以上——その中には、身体障害や学習障害を持つ人もいる――が仕事に必要な資格を取れるようにした。スクール・リーバーズ・プログラムは、オリンピックの主催区である東ロンドンにおける中卒者を対象とし、3カ月の仕事を2回与え、それを問題なく完了した場合にはオリンピック終了までの雇用契約を結ぶというものだった。

同委員会が採用したこの方式に刺激を受けて、英国の政府機関や民間職業あっせん所は、これまで雇用可能とされていた以上に幅広い種類の人材を活用し、彼らの生産性を高めるべく、業務取り組みガイドラインを書き換えることになった。

どの社員からも最良のものを引き出すと約束することは、リスクも大きいが見返りも大きい戦略だと認識している。評判という資産の価値は高まるが、その価値は破壊されやすいものだからだ。たとえばゴールドマン・サックスは何年もかけて、投資銀行の中で最も刺激的な銀行という評判を構築した。グレッグ・スミスが同社を辞める際に、ゴールドマン・サックスはみずからの基準を満たしていないと激しく批判する手紙を新聞に投稿したことがあれほどの打撃になったのは、それゆえである。(注) したがって企業は、いったんこの方向に向かって歩み始めたら、その歩みを止めてはならない。

## 株主価値を超えるものを支持する

人は自分自身より大きなもの、何か自分で信じられるものの一部でありたいと望む。「これまで私が働いてきた複数の組織では、組織のブランドを信じるよう、みんなが私を洗脳しようとしました」と、あるセミナーの参加者は語った。「しかし私は、組織のブランドとともにあるために、その組織の原点や支持するものに心から共感できるような組織で働きたいのです」

組織が共有すべき存在意義を持つ必要がある、と認識されるようになってきた。それは間違いなく正しいことである。しかし存在意義の共有は、ただミッションステートメントを実行するのとはわけが違う。それは、個人の価値観と組織の価値観との間に強力な結び付きを生み、それを維持することを意味する。これを実現すれば、社員の個性を尊重して活用しつつ、同時に強力な文化を育むことができる。

これについて一部の企業にはもともと備わった強みがあるとの指摘もあるだろう。大学の教授仲間がかつて筆者らに、どこか面白い企業と仕事をしているかと尋ねたことがある。ノボ ノルディスクのことに触れると、彼はかばんからインスリン注射に使う「ノボペン」一式を取り出して、わかりやすい言い方をした。「毎日あの会社に命を救われているよ」と。

BMWの「ミニ」のサイドバー（安全性向上のためボディ側部に渡す横棒）を設計するエンジニアたちは、朝の4時に目を覚ましてミニの安全性を高めるアイデアを書き留めることで知られている。「究極のドライビングマシン」を構築するというアイデアに惹かれた人材に期待されるのは、このようなことなのかもしれない。

しかしこのような強みは、その企業の属する業界によるものではない。彼らの強みである社員との結び付きは、むしろどのように業務を行うか、その方法によってつくられるのだ。その仕組みをより一般的に理解するために、マイケル・バリーの例を紹介しよう。

彼はかつて教師だったが、国の支出削減により解雇された。それから30年経っても、その経験は生々しい傷として残っていた。「解雇は『後入れ先出し』、すなわち若手から先に切っていくというやり方で、実績とは何の関係もありませんでした。二度とあんなふうに仕事を失いたくはないと決意しました。そこでさまざまな点をじっくり調べて、社員に何を求めるかが明確な職場を探しました」

理想を追求したこの男は、結局どこに落ち着いたのだろうか。彼はニューヨーク・ライフの保険の販売員になった。会社に対してどのような結び付きを感じるか尋ねると、彼は、「この会社は、上から下まで、まったく違っています」と話し始めた。そして次のように説明した。「当時、保険会社はどこも相互会社から株式会社に転換し、百貨店のように各種金融サービスを販売し始めた最中でした。一方、ニューヨーク・ライフは、今後も生命保険が我が社の中核業務であるとはっきり打ち出したのです。当初販売員たちはそれをよく思いませんでした。より稼ぐチャンスを失うことになると感じたのです。しかし当時のCEOであるサイ・スターンバーグは、販売員と公開討論会を開き、臆せず言い切りました。『うちは生命保険会社であり、生命保険が我々の得意分野なのです』と——」

これは単なる事業戦略以上のものであるとバリーは言う。「それは、我々が日々どのように業務を行うかにも反映されています。この会社では、うまく保険金の支払い請求をかわそうなどとはしません。たとえばこんな話があります。ある男性が生命保険に入ることにし、帰宅後、必要額を記入した小切手を切りました。その晩彼は急死し、その小切手は机の上に置かれたままでした。入金されなかったのです。しかし我々は保険金を支払いました。販売員たちはこの話に心の底から賛同してくれます」

現在のCEOであるテッド・マーサスは、ニューヨーク・ライフが相互会社の形態であることも、利益がすべてでないと言い切れる一因だと認める。しかし彼は、相互会社と同じ理屈が株式会社にも当てはまると指摘する。すなわち利益とは、別のもっと意義深い目標を追求した結果である（または、そうあるべきだ）と。

やはりこれも、目新しいとはとてもいえない考え方だ。「ところが多くの上場企業は、会社の方向性を見失い、それとともに自分たちは何なのかという感覚さえも失ってしまった」とマーサスは指摘する。筆者らも同意見だ。

## 日常業務にどんな意味があるのか示す

筆者らが面談した幹部たちは、存在意義の共有以外にも何か別のものを欲していた。それは、日常の業務に意味を見出すことだった。

それをかなえるには、業務を充実させるような取り組みを全社に導入するだけでは足りない。まさに個々の社員が、自分の業務について熟考を重ねて見直すことでしか実現できないのだ。「これらの任務に意味はあるのか」「なぜこれらの任務はこういうやり方をするのか」「いま以上に興味深い任務にできないだろうか」という具合である。これは膨大かつ複雑な課題だ。

先に紹介したウエイトローズおよびデパートのピーター・ジョーンズの親会社である、ジョン・ルイスを例に取ろう。同社は2012年に全社で2200以上ある職務を見直し、10段階に分類する作業を終えた。組織内のどこにいても、社員がチャンスを活かせるようにするためだ。このように言うと全社的な均質化を狙う動きのように思えるかもしれないし、従来型の企業であれば実際にそうなったかもしれない。しかし株主である社員のために会社経営を行っているジョン・ルイスでは、社員とやりたい仕事とをマッチさせるための、よく練られた取り組みだった。

もう一社、ラボバンク・ネーデルランドの例を紹介しよう。同行はオランダで最大の金融機関であるラボバンク・グループの銀行部門である。同行は、開発に数年間かけた「ラボ・アンプラグド」を導入・展開した。これは全社的な技術インフラで、これにより同行の職員はほぼどこからでもお互いにつながれるようになった。しかも、銀行システムに必須である厳格な暗号化基準も守ったままでつながれるのだ。

固定したオフィスも、硬直的な職務記述書もなくなったため、ラボバンクの職員はアラップの社員と同じように、業務の成果に対して責任を負うことになる。けれども、いつ、どこで、誰と、どのように、その業務を遂行するかは自分で自由に選べる。このようなやり方の場合、マネジャーは部下に並々ならぬ信頼を置かなければならない。そして部下の側は、より起業家精神旺盛で、かつ協力的になることが要求される。

仕事をやりがいのあるものにするためには、個人レベルの職務見直しという次元を超えて、会社経営のやり方を見直す必要が出てくる場合もある。〝究極のシームレス経営〟とも表現できるアラップの組織は、その一つの解答例である。究極のシームレスゆえに、多少の慣れは必要となる。アラップの取締役会のメンバー、トリストラム・カーフレイは、アラップの関連部門でこれがどのように行われているかを次のように説明する。「一つの部屋に、建築家、エンジニア、建築積算士、プロジェクトマネジャーたちが集まっています。彼らは、全体の利益のために自分自身の利己心を抑えることを心から望んでおり、昔ながらのやり方で方向性を示されることを望まない人たちです」

構造工学技術者であるカーフレイにとって難問だったのは、機械学や建築学の見地に偏ったソリューションではなく、なるべく構造工学の見地によるソリューションに近づけるよう、いつ自分の意見をチームに押し付け、チームをその方向に向かわせるかという点であった。これほど対等で相互依存的な環境に参加するのは極めて骨の折れることだ。彼は「うまくいった時は信じられないほどのやりがいがあり、うまくいかない時は信じられないほどイライラさせられた」と語った。

この課題の難しさを軽く見ないでほしい。しかし、これに挑んだ場合のメリットは非常に大きい可能性があると指摘したい。仕事に意義がある場合、それは通常大義となる。BMWのエンジニアやニューヨーク・ライフの販売員のケースがそれである。またこれにまつわるリスクの要素も筆者らは認識している。

伝説的なゲームクリエーターであるウィル・ライトにインタビューを行った際、彼は、自分が第一に忠誠心を感じているのは自分の勤める会社であるエレクトロニック・アーツ（EA）ではなく、プロジェクトであると語った。そのプロジェクトとは、最初は記録破りの売上げを達成したシムシリーズ（シムシティやシムピープルなど）であり、最近ではスポアを指す。ウィルは最終的にEAを辞めて自分の会社を設立し、その会社にはEAが共同出資した。

これは、人材育成にまつわる課題と似ている。それに取り組まなければ最良の人材は会社を去っていくかもしれないし、そもそも入社を検討すらしないかもしれない。あるいは見落とした人材をライバル会社がさらっていき、その潜在能力を開発するかもしれない。一方で、実際に人材育成に手間暇をかけると、社員は自分の会社だけでなくライバル社にとっても価値の高い存在となる。したがって秘訣は、会社に居続けることがスタッフにとって意義深くなるようにすることである。

## 社員が信じられるルールを持つ

多くの人々が心に描く夢の職場とは、無制限の自由裁量が許される組織だと聞いても、誰も意外に思わないだろう。しかしだからといって、あらゆるルールを撤廃することにはならない。アラップでも、エンジニアは決まった手順や厳格な品質管理に従わなければならない。さもなければ、彼らが建設する建物は崩壊することになる。

組織には、構造が必要だ。マーケットと企業には、ルールが必要である。新興企業が成功して成長を遂げると、新たに複雑な業務プロセスが必要になるが、それによって企業文化が損なわれてしまうと思い込むケースは多い。しかし、組織化は必ずしも官僚主義につながるわけではない。何のためにルールがあるのかを社員が理解し、ルールを正当なものだと社員が見なす限りはそうならない。その一例としてベスタガード・フランセンを紹介しよう。

ベスタガード・フランセンは発展途上国向けに蚊帳をつくる新興のソーシャルエンタープライズ（社会的企業）だ。同社は、企業文化を犠牲にすることなく、拡大する一方の業務プロセスを組織化するための、行動規範の使い方を身につけつつある。採用（および解雇）の決定は意図的に簡単にしてある。各役職の採用・解雇は、その一段階上の役職者の同意があればできる仕組みになっている。地域ごとのディレクターは、はっきりと定められた期日および売上げ・収益の目標値さえ守っていれば、相当な自由裁量が与えられている。ナレッジマネジメントシステムは、社員がメールではなく電話でやり取りするよう促し、またメールで誰かがCCに入っている場合はその理由を説明するよう設計されている。これらの簡単なルールは、創業時の価値観を脅かすものではなく、逆にそれを守るものであるとベスタガードは見なしている。

組織階層のフラット化が起き、それに続いて組織の境界が崩壊し、キャリアパスが見えにくくなっているにもかかわらず、企業や団体は依然として、マックス・ウェーバーの言う「命令に基づき協調する集合体」——すなわち、組織構造を構築し維持するためには権威の尊重が不可欠な組織——のままである。ところが社員の側は、純粋に階層的な権威に対してますます懐疑的になっている。それは立派そうな肩書きや、年齢・役職といった昔ながらの正当性の根拠に対する懐疑である。また、カリスマ的リーダーが馬脚を現すような事件が続いた結果、社員たちはカリスマ性というものにもいっそう疑いを持ち始めている。

労働者が必要としているのは、道徳から生まれる権威の実感である。それは手段の効率を重視することから生まれるのではなく、自分たちが達成しようとする目的の重要性から生まれる。夢の職場は目的達成を支える仕組みになっているので、従業員はすすんで協力しようとする。

そのような企業では、リーダーの権威は何から生まれるのだろうか。その答えは、英国のアーンスト・

アンド・ヤングのマネージングパートナーであるスティーブ・バーリーの、問いかけに対する回答の中にある。彼は就任あいさつで、同社の利益とパートナーの収入が最高記録を更新したことを報告した後、シニアパートナーたちに問いかけた。「大事なのはこれだけですか」と――彼はこの問いへの回答として、抜本的に新しい方向性を提案した。「見事に成長し、違いを生み出す」と命名したプログラムで、財務的な成長と社会的変革の両方の達成を目指すものだった。

この30年間で筆者らは、多くの組織において以下のような会話を耳にしてきた。「今日は帰りが遅くなる。偏頭痛の治療薬の開発に取り組んでいるからね」「まだ仕事中。U2のニューアルバムの発売を明日に控えているんだ。素晴らしいアルバムだよ」「インスリンを東アフリカに導入する計画で大忙しだ」――。しかし、「今日は帰りが遅くなるよ。株主価値を高めているところだからね」という会話は一度も耳にしたことがない。

* * *

社員はいい仕事をしたがっている。それは、社会を変えるような組織において、自分が重要な存在であると実感したいからだ。彼らは、自分の短所を拡大してみせる職場ではなく、長所を伸ばしてくれる職場で働きたいと思っている。そのためには、社員によるある程度の自治と、そのための組織構造が必要であり、組織は一貫性があり、正直で、オープンである必要がある。

しかし、これには対立する多くの要求をバランスよく成り立たせる必要があり、一筋縄ではいかない。ダイバーシティのメリットを十分に発揮させることは、気の合う人々に取り囲まれて仕事をする居心地のよさを捨てて、多種多様な人材、業務習慣、思考習慣を活きいきした文化に合致させるべく努力することを意味する。マネジャーはそのまま前進すべき時と、立ち止まって話し合い、妥協すべき時とを常に見極めなければならない。

本稿の目的は、現代社会のビジネスの仕組みを批判することではない。しかしここで取り上げた組織の多くは、企業の所有形態や目的の点で、通常とは異なっていることに気づかざるをえない。目立つのはパートナーシップや共済組合、公益信託、ソーシャルエンタープライズなどの形態である。本稿で取り上げた組織のいずれもが、収益を上げることを望んでいる点では共通しているものの、従来型の大型の資本主義的企業は、ほとんどこの中に含まれていない。

これらの組織がすべて似ているというのは間違いであろうが、際立った共通点が2つある。第1に、どの組織もどんな業務が得意であるかをしっかりと把握している点だ。たとえばノボ ノルディスクであれば糖尿病患者の生活を改善することであり、アラップであれば美しい環境を形成することである。第2に、実業界を席巻するブームや流行には、背を向けているといってよいほど懐疑的である点だ。

仕事は、人を解放することもある。しかし仕事は、人を疎外し、搾取し、操作し、均一化する場合もある。新技術と新世代の人々によりもたらされた変化にもかかわらず、株主資本主義や見過ごされたままの官僚主義の底流にある種々の力は依然として強力だ。本物の組織を生み出し、人々の潜在能力を十二分に発揮させようと努力する際に、その課題の困難さを見くびってはならない。そうでないと、そのような組織が例外ではなくなり普通の存在になる日は来ない。大半の人にとって、単なる夢物語のままで終わってしまうだろう。

## 「夢の職場」度診断

あなたの会社は、理想像にどれだけ近いだろうか。各々の項目が自社に該当するかどうかをチェックすると、その結果がわかる。該当する項目の数が多ければ多いほど、夢の職場に近い。

**ありのままの自分でいられる**

□職場でも、家庭にいる時と同じ自分でいられる。
□安心してありのままの自分でいられる。
□人と違うことを臆せず表現するよう全社員が促されている。
□この職場では、大半の社員と違う意見の人でもうまくやっていける。
□熱意は、それが摩擦を生み出す場合でも、奨励される。
□この職場に馴染むのは単一のタイプだけに限らない。

**実際に何が起きているかを知らせてくれる**

□全員に状況の全貌を知らせてもらえる。
□社内の情報は操作されない。
□否定的なことを口にしても、会社に対する裏切りではない。

□私の上司は悪い情報も知りたがっている。
□上層幹部は悪い情報も知りたがっている。
□社員が使える情報伝達経路はたくさんある。
□コメントに安心して、自分の名前を添えることができる。

**私の強みを見出して、伸ばしてくれる**

□私には成長するチャンスが与えられている。
□どの社員にも成長するチャンスが与えられている。
□この職場では最も優秀な人材が自分のいいところを披露したがる。
□成果の低い社員には改善の道が示される。
□報酬は組織全体で公正に配分される。
□私たちは他者の価値を高めることにより、自分たちの価値を創造している。

**ここで働くことに誇りを感じさせてくれる**

□私はこの会社が、何を支持しているか理解している。
□この会社が支持するものには価値があると私にも思える。
□現在の職務を軽々こなせるようになりたい。
□私たちが最優先する目的は利益ではない。
□私は何か意義のあることを達成できそうだ。

□私は自分がどこで働いているかを人に話すのが好きだ。

**私の仕事を有意義にしてくれる**

□私の仕事は私にとって有意義だ。
□私の職務は理にかなったものだ。
□私の仕事は、私にエネルギーと喜びを与えてくれる。
□私の仕事がほかの人たち全員の仕事とどのように噛み合うのかを理解している。
□どの人の仕事も必要なものだ。
□職場には私たちが共有する存在意義がある。

**馬鹿げたルールに仕事のじゃまをされない**

□私たちは、物事を単純にしている。
□職場のルールは明確で、誰にでも同じように適用される。
□私は、職場のルールが何のためにあるのかを理解している。
□みんなも、職場のルールが何のためにあるのかを理解している。
□私たちは組織一丸となって、お役所仕事に抵抗する。
□権威が尊重されている。

【注】

ゴールドマン・サックスのバイスプレジデントだった同氏は2012年に退社する際、同社の企業文化は顧客を裏切っているとの批判を『ニューヨーク・タイムズ』に投稿し、大きな話題となった。

第2章

# シリコンバレーを魅了したネットフリックスの人材管理

パティ・マッコード・コンサルティング
**パティ・マッコード**

**"How Netflix Reinvented HR"**
*Harvard Business Review*, January-February 2014.
邦訳「シリコンバレーを魅了したネットフリックスの人材管理」
『DIAMONDハーバード・ビジネス・レビュー』2014年6月号

**パティ・マッコード**
**(Patty McCord)**
パティ・マッコード・コンサルティングの創業者。元ネットフリックスのチーフタレントオフィサー(最高人材責任者)。

## ネットフリックスはなぜ人材を引き付けるのか

フェイスブックのCOOシェリル・サンドバーグが「シリコンバレーで公開された文書の中で最も重要なものの一つ」と称賛したファイルが、オンラインで500万回以上も閲覧されている。それは、動画配信サービスの大手ネットフリックスがどのように企業文化を形成し、従業員のモチベーションを高めて実績を上げたかを説明したパワーポイント資料である。リード・ヘイスティングスと私が（数人の同僚とともに）この資料を作成した時は、これほど話題になるとは想定外で、予想もしていなかった。

ヘイスティングスはネットフリックスのCEOで、私は1998年から2012年まで同社でチーフタレントオフィサー（最高人材責任者）を務めた。その資料には、「従業員が妥当だと感じればいくらでも休暇を取れるようにすべきである」など、人材管理に関する画期的なアイデアが記されている半面、少々クレージーだと思われるものも一部含まれていることは承知していた（少なくとも他社が追随するまでは、そう見なされていた）。しかし音楽もアニメーション効果も使われていない簡素な127枚のスライドが、これほど影響を及ぼすようになるとは驚きだ。

ネットフリックスの人材や企業文化への取り組み方が注目を集めたのには、いくつかの理由がある。最も明白な理由は、事業がこれまで絶好調であることだ。2013年の1年間だけでも株価は3倍余り上昇し、エミー賞を3つ受賞した。米国国内の会員数は2900万人近くまで伸びている。これらを差し置いても、ネットフリックスの取り組みに説得力があるのは、良識に根差しているからである。

本稿では、ネットフリックスが人材を引き付け、定着させ、管理する際の原則となった5つの理念に関して、単なる箇条書きにならないように詳しく述べたい。しかしその前に、創業初期の従業員たちと私が交わした会話を2つ紹介しよう。なぜならそれらが、基本理念の策定に役立ったからだ。

最初の会話は2001年末のことだった。当時のネットフリックスは急成長を遂げつつあった。従業員は約120人に達し、IPO（新規株式公開）の準備を進めていた。ところがドットコム・バブルが崩壊し、米国同時多発テロ事件が発生すると状況が一変した。IPOを延期するとともに、従業員の3分の1を解雇する必要が出てきたのだ。これは過酷な状況だった。さらにその後思いがけないことに、DVDプレーヤーをクリスマスプレゼントに贈ることがブームになった。2002年の初めには、会員向けにDVDを宅配するレンタル事業は爆発的な伸びを見せた。つまり人員が約30％減ったのに、突如としてやらねばならない仕事が莫大に増えたのである。

私はある日、有能なエンジニアと話していた。仮にこの人をジョンと呼ぶことにしよう。人員整理の前、ジョンには部下が3人いたが、現在その部署は彼一人だけとなった。残業もとても多かったので、「あなたの負担を減らせるように、すぐにでも何人か採用できたらいいわね」と話したら、驚くべき返事が返ってきた。「急ぐ必要はないですよ。いまのほうがハッピーですから」と彼は答えたのだ。我々が解雇したエンジニアたちは特に優秀ではなく、かろうじて合格という程度だった。ジョンは彼らの仕事ぶりを監督し、ミスを正すのに時間を取られすぎていたと気づいた。「平均以下の部下と仕事をするくらいなら、自分一人でやったほうがいいとわかったのです」と彼は語った。

ネットフリックスの人材理念における基本要素を説明する時には、彼のこの言葉がいつも私の心に甦る。その要素とは、従業員のためにできる最善のことは、第一級の人材だけを採用して一緒に働いてもらうことである。それは職場にテーブルサッカーの台を設置したり、無料で寿司を食べさせたりすることより優れた社員サービスだ。有能な同僚は何よりも勝るのだ。

２つ目の会話は２００２年、ネットフリックスのＩＰＯから数カ月後のことだった。帳簿係のローラは聡明かつ仕事熱心で、独創的なアイデアの持ち主だった。彼女は、創業初期の我が社の成長に欠かせない存在で、ビデオのレンタル状況をきちんと把握して、正確な著作権料を支払えるようにするシステムを考案してくれた。しかし上場したネットフリックスに必要な人材は、公認会計士などの資格を持っていて、経験豊富な会計のプロだった。かたやローラはコミュニティカレッジ（２年制大学）出で、準学士の学位しかない。仕事に対する誠実さ、実績はもちろん、我々全員に愛されていたにもかかわらず、彼女のスキルでは追い付かなくなってしまったのだ。「彼女のために応急的に新しい肩書きをつくろう」という案も一部から出たが、「それは正しいことではない」と判断した。

私はローラとひざを交えて状況を説明した後、会社に対する彼女の莫大な貢献度を考慮して、破格の退職手当を出そうと告げた。泣かれたり感情的になられたりするのではないかと身構えていたが、ローラの対応は立派だった。「会社を去るのは悲しいが、十分な退職手当をもらえれば自分を取り戻し、教育を受け直して新たなキャリアパスを目指すことができる」と理解したのだ。

この出来事のおかげで、人材管理における理念の新たな軸を策定することができた。それは、過去に多大な貢献をしてくれた人材であっても、持てる技能が会社にマッチしなくなったら、すすんで解雇しなければならないということだ。第一級の人材だけでチームをつくるなら、そうしなければならないのだ。そのような人々にフェアであるため、そして率直に言うと解雇することへの後ろめたさを克服するためにも、我々は退職手当をはずむことを学んだ。

ここまで述べた2つの最重要原則を念頭に置いて、我々は次のような5つの理念に基づく人材管理法を構築した。

## 一人前の大人だけを雇用し、報い、裁量を与える

会社の正式な方針に頼らず、みずからの論理と常識を使うことを促せば、たいていの場合は低コストでよりよい結果が得られる。会社の利益を第一に考え、優れた成果を出せる職場をつくりたいという経営者の望みを理解して支援してくれる人材を見極めて、採用してほしい。そうすれば、従業員の97%は正しい行動をする。ほとんどの企業は、残りの3%の従業員が引き起こすおそれのある問題に対処すべく、人事制度や方針を定めて実行に移すことに膨大な時間とお金を浪費している。我々はその代わりに、そんな人材を採用しないように徹底的に努力を重ね、採用したのが間違いだったとわかったら、即座にその人を解雇した。

一人前の大人としての行動とは、自分の上司や同僚、部下とさまざまな問題についてオープンに話し合うことである。マネジャーと部下が個々の状況に応じて納得できる方法を編み出せば、人事規則や方

針が多い会社でも、それらに束縛されずに済むことが多々あるのだ。そのように認識することも大人の行動だ。

2つの例を挙げよう。創業当初のネットフリックスには標準的な有給休暇制度があった。従業員は10日の長期休暇、10日の休暇、数日の病気休暇を取ることができた。自己申告方式で各自が休んだ日を記録し、欠勤する時は上司に知らせる規則になっていた。上場後、監査人はこれを知って愕然とした。サーベンス・オクスリー法（SOX法）により、企業には従業員の休みを把握することが義務付けられているというのだ。そのため法に基づいて休暇の利用状況を管理するシステムを導入することを考えた。

ところが、ネットフリックス創業者のリードは、「企業は、休暇を与えるよう義務付けられているのか。もしそうでないなら非公式なやり方で処理して、会計上の煩わしい手続きを避けることはできないのか」と疑問を投げかけた。そして私がある程度調べたところ、実はカリフォルニア州法には休暇に関する時間の規定がないことがわかった。

そこでSOX法に沿った手続きに変更する代わりに、逆の方向に向かったのだ。正社員は、妥当だと思うだけの休暇を取れるようにした。上司と部下にはお互いに相談して調整するようにした（コールセンターと倉庫の時間給社員には、もっと具体的な方針を示した）。加えて、ある程度のガイダンスをつくった。たとえば会計や財務の部門であれば、繁忙期である四半期の期首と期末に休暇を取ってはならず、30日以上続けて休暇を取りたい場合は、人事部に相談する必要があることなどだ。上級リーダーは率先して長期休暇を取るとともに、それを社員に公にするようにした。彼らにお手本を示してもらいたかったのだ（ほとんどの従業員は喜んでこの方針に従った）。

ただし、この方法では一貫性が保てないのではないかと気にする人もいた。休暇をいくらでも与える上司もいれば、渋る上司も出てくるのではないかというのだ。総じて私が心配したのは一貫性よりも公平さだった。なぜなら現実には、どんな組織でも最も優秀で価値の高い従業員には自由裁量が与えられるからだ。

交通費・交際費でも正式な方針を打ち出さず、大人としての行動を義務付けるだけにした。経費に関する方針は、たった5つの単語で示された。「ネットフリックスの利益を最優先して行動する」（"Act in Netflix's best interests"）というものだ。従業員にこれを説明する際には、「会社のお金を自分のお金のように倹約して使うことを期待している」と告げた。正式な方針を定めず、経費の見張り役も置かなかったので、現場マネジャーの手に権限を委譲した。本来そうすべきなのだ。おかげで経費も削減できた。多くの大企業は、出張方針を明確にするため、いまだに旅行代理店を使っている（当然ながら料金も支払っている）。しかし、従業員にみずからオンラインで予約させれば経費削減につながる。

ネットフリックスのほとんどのマネジャーと同じく、私も高級レストランで食事をした従業員には時々注意してやらねばならなかった（営業やリクルーティングの一環ならかまわないが、一人または同僚と食べるのは厳禁である）。不要な機器や装置をたくさん購入しがちなIT部門の従業員たちから目を離さないようにした。しかし総じてこれらの経費に関する事柄でも、責任ある行動として何を期待するかを明確にすれば、大半の従業員はそれに従うことがわかった。

## 成果に関してありのままを話す

ネットフリックスでは、何年も前に通常の人事考課制度を廃止した。それ以前はしばらく行っていたが、人事考課には意味がないと思うようになったのだ。形式張っているうえに、考課の間隔が空きすぎているので、マネジャーと従業員たちに、業務の一環として個人の業績に関する話し合いを持つように求めた。営業、エンジニアリング、製品開発など多くの部門では、各従業員の仕事ぶりがよいかどうかはかなり明白である（人事評価のアナリティクスの質が上がるほど、これが本当なのだとわかる）。人事考課のために官僚的な体制と複雑な形式を構築しても、通常は個人の業績改善にはつながらない。

従来、企業が人事考課を行う主な動機は、従業員から訴訟を起こされるのではないかという懸念から生じている。従業員の厄介払いをしたければ、過去からずっと業績が芳しくないことを記録した書類の山が必要だという。多くの企業で、成績不振の従業員は「業績改善計画」（Performance Improvement Plan：ＰＩＰ）を受けさせられる。私はＰＩＰが大嫌いだ。ＰＩＰは根本的に不誠実で、なぜならＰＩＰは、その名前が意味する効果をもたらさないからだ。

ネットフリックスのあるマネジャーは、マリアという品質管理担当エンジニアに対して、ＰＩＰを要求した。マリアは動画配信サービスの構築を支援するために採用された。この新規テクノロジーは急速に進歩していた。マリアの仕事はバグを見つけることだった。彼女は仕事が速いうえに、直観力に優れており、一生懸命に働いていた。ところがやがて、品質保証テストを自動化する方法が編み出された。マリアは自動化が気に入らず、特に自動化に長けているわけでもなかった。そのため、マリアの新しい上司（世界有数の自動化ツール作成チームを編成するために採用された）は、「マリアのＰＩＰを開始したい」と私に告げたのだ。

私はこう答えた。「なぜわざわざ、そんなことをするの。ＰＩＰをやったらどうなるか、あなたも私もわかっているわよね。あなたはマリアが達成すべき目標と成果を書き上げるけど、彼女にはそれを達成できない。なぜなら彼女にはそのためのスキルがないから。あなたは毎週水曜日、自分の本当の仕事を差し置いて、マリアの問題点について彼女と話し合う（そしてそれを記録する）。つらい話し合いになるのがわかっているので、前日はいつも眠れない。それは彼女も同じ。数週間後には、涙交じりの話し合いになる。そんな状態が3カ月も続けば、チーム全員の知るところとなる。最終的にあなたはマリアを解雇するけど、彼女には思い当たる節がまったくない。なぜって5年間一貫して、彼女は自分の業務において優秀だと評価され、それに応じた報酬を受け取ってきたのだから。ところがその業務は基本的に不要になってしまった。もう一度、説明してもらえるかしら。どうしてＰＩＰがネットフリックスのためになるのかを」

私は続けた。「いいわ、その代わりに真実を話そうじゃないの。『テクノロジーが変わり、この会社も変わりました。するとあなたのスキルはもう役に立たなくなったの』。そう話してもマリアは驚かないでしょう。彼女は現場の最前線で、自分の周りで仕事内容が変わっていくのを見てきたんだもの。だからこそ退職手当をはずんであげて。そうすれば必要書類に彼女は署名し、訴訟問題になる可能性は（ゼロとは言い切れないけど）大幅に下がるでしょうから」。私の経験では、真実が語られる限りは、人はどんなことにも対処できる。マリアの場合にもそれが当てはまると証明された。

通常の人事考課を廃止した際に、非公式な360度評価を導入した。ただし、かなり単純なものに留めた。同僚が慎むべきこと、始めるべきこと、続けるべきことを従業員に特定してもらうのだ。最初は匿名で行うソフトウェアシステムを使っていたが、やがてフィードバックに署名する形式に移り、多くのチームは直接顔を合わせて360度評価を行うようになった。

人事業務に携わっている人たちは、ネットフリックスほどの大企業が年次評価をやっていないのが信じられないようだ。「我々を動揺させるために、話をでっち上げているだけじゃありませんか」と聞かれるが、そんなことはない。定期的に個人の仕事ぶりに関して単純かつ正直に話せば、おそらく5点満点の尺度で従業員全員に点数をつける会社より優れた結果が得られる。

## 優れたチームをつくるのは、マネジャーの仕事だ

イラク戦争の際に、当時国防長官だったドナルド・ラムズフェルドは、米国軍のパフォーマンスについて「戦争が始まったら現有戦力で戦うのみです。こんな軍隊を送ってくれたらいいとか、将来はこんなふうだったらいいなと考えても意味がありません」と語ったことで知られている。優れたチームづくりについてマネジャーたちに話す時、これとは正反対の姿勢で臨みなさいと説いている。

私はコンサルティングを行う際、顧客企業のマネジャーたちに、向こう半年間で自分たちのチームが何を達成しているかを記録したドキュメンタリー映画を想像してもらう。そして「具体的にどのような結果が見えますか。現在チームで行っている仕事と、映画の中の仕事はどのように違っていますか」と尋ねるのだ。

次に、その映画の各場面を現実のものにするために必要なスキルについて考えてもらう。この過程の初期段階では、現在の手持ちのチームについて考えなさいというアドバイスはけっして行わない。理想的な成果を思い描き、その達成に欠かせないスキルセットを考えるという作業を終えるまでは、既存のチームが、彼らが必要とするチームとどの程度合致しているかを分析すべきではないのだ。

事業を取り巻く環境が刻々と変わる状況では、おそらく多くのミスマッチが目につくことだろう。その場合は、チームの一部のメンバーと正直に対話し、彼らのスキルがよりよくマッチする場所を探させる必要がある。適正なスキルを備えた人材も募集しなければならない。

DVDの宅配レンタルからストリーミング配信サービスへと軸足を移し始めた際に、ネットフリックスは後者の問題に直面した。膨大な量のファイルをクラウドサーバーに保存し、どれだけ多くの会員が確実にそれらにアクセスできるかを、割り出さねばならなかったのだ（ある推計によると、米国の住宅地におけるインターネットトラフィックのピーク時に、ネットフリックスの顧客が映画のストリーミング再生のために使っている量は、最高でトラフィック全体の3分の1を占めるという）。したがって、クラウドサービスの経験が豊富で、事業規模が巨大な企業で働いたことのある人材を見つける必要が出てきた。該当する企業といえば、アマゾン・ドットコムやイーベイ、グーグル、フェイスブックだが、そこから人材を引き抜くことは簡単ではなかった。

しかし、給与に関する方針が功を奏した。その原則のほとんどは先に説明した理想の姿、すなわち「正直であれ」「従業員を大人として扱え」に由来している。たとえば私の在職期間中、ネットフリックスは業績連動型ボーナスを支払わなかった。なぜなら適正な人材を採用すれば、払う必要はないと確信していたからだ。もし一人前の大人で、自分が働く会社を第一に考える人ならば、年次賞与のあるなしで一生懸命に働くかどうか、賢明に働くかどうか左右されない。

また、市場を考慮した報酬の重要性を信じていたので、自分の相場はいくらなのかを知るために、従業員に機会があったら競合他社の人事面接を受けてみるのが賢明だとよく話した。たいていの人事担当者は従業員がヘッドハンターと接触するのを嫌がるが、私は常に「（ヘッドハンターから）電話が来たら出なさい。給料はいくら出すのか聞きなさい。そしてその数字を私に教えてちょうだい」と口酸っぱく言っていた。それらは貴重な情報なのだ。

さらに株式に伴う報酬は、ほとんどの企業と異なる方法で使った。競合他社と太刀打ちできる給与にストックオプションというお飾りを加えるのではなく、従業員に報酬のうち、どのくらいを株式の形でもらいたいかを選ばせたのだ（従業員が株式を望む場合だが）。従業員がストックオプションを希望した場合には、その割合に応じて給料を減らした。その選択により何を得て何を失うか、自分はどの程度のリスク耐性があるのか、自分や家族にとって何がベストであるかを従業員は把握していると信じた。毎月、市場価格より若干割安の価格でオプションを配付し、権利確定期間は設けず、即座に現金化（権利行使）できるとした。

ほとんどのハイテク企業は権利確定期間を4年間とし、従業員の定着促進のためにオプションを「黄金の手錠」(引き留めのための特別待遇)として使おうとする。しかしそれには少しも意味を見出せなかった。どこか別の企業によりよいチャンスを見出したならば、それまでに培ったものを手にして会社を去ってもかまわないではないか。もう我々の会社で働きたくない人を、無理やり引き止めたくない。

マネジャーたちには、優れたチームをつくることが、彼らの最も重要な仕事なのだと繰り返し言い聞かせた。コーチやメンターとして優秀かどうか、あるいは期日までに必要書類を作成したかどうかは評価材料ではなかった。優れたチームは優れた仕事を成し遂げる。したがって最優先事項は、適正なチーム要員を起用することだった。

## 企業文化を形成するのは、リーダーの仕事だ

私はネットフリックスを辞めた後、コンサルティング業を始めた。ある時、サンフランシスコにある話題の新興企業を訪問した。オフィスは開放的なロフトのようで、従業員数は60人だった。オフィスにはテーブルサッカーの台が1台、ビリヤード台が2台あり、キッチンでは料理人が全従業員のために昼食をつくっていた。同社のCEOは私を案内しながら、愉快な雰囲気をつくり出すことについて話した。「あなたの会社にとって最も重要な価値観は何ですか」と尋ねると、「効率性です」という返事が返ってきた。

「おや、そうですか」と私は答え、こう続けた。「では、私がここの従業員だとしましょう。いま、午後2時58分です。ビリヤードの試合に熱が入り、私が優勢に立っています。あと5分で勝負がつきそうです。ところが、3時に会議の予定が入っています。勝敗が決まるまでビリヤードを続けるべきですか、それとも会議を優先して切り上げるべきでしょうか」

するとと彼は、「最後までゲームを続けるべきですよ」と断言した。私はことさら驚かなかった。多くのハイテクベンチャー企業と同じく、彼の会社はカジュアルな職場環境で、従業員はパーカー着用だったり、職場に自分のペットを同伴させたりしていた。こうしたカジュアルな社風は、時間の観念にも及んでいた。「ちょっと待ってください」と私は言った。「御社で最も重要な企業文化は効率性だとおっしゃいましたよね。ビリヤードにかまけて会議に遅れ、同僚を待たせるのは効率的ではありません。あなたが求める価値観と、奨励したい行動が一致していないと思われますが」

企業文化の形成についてアドバイスする際には、往々にして3つの問題が目につくので、これらに注意を払うべきだと説明している。そのうちの一つがこの種のミスマッチだ。これはベンチャー企業にありがちな問題である。というのもベンチャー企業ではカジュアルな社風が奨励されるが、リーダーたちは優れた業績を重視する風土を育みたいと思っているので、明らかに相反している。

従業員がどのように業務しているのかを感覚的に理解するため、私はしばしばコンサルティング先の会議に同席させてもらっている。すると、明らかにその場しのぎで会議に臨むCEOを目にすることが多い。彼らには議題がない。つまり、本当に何を話し合いたいのかを考えていないのだ。したがって会議寸前にまとめたとおぼしきスライドを使ったり、ベンチャーキャピタルとの打ち合わせに使った資料を使い回したりする。従業員はこのような行動を見逃さない。十分な準備をせずに、自分の魅力や頭脳、即興力に頼るリーダーの姿を見せられると、従業員の仕事ぶりにも影響を与える。従業員にみずから模範を示し、それに沿った行動に報いるつもりがないなら、企業の価値観や文化に関する理念を語るのは時間の無駄だ。

２つ目の問題は、事業の原動力となる要素が何なのかを、従業員に確実に理解させることと関連している。最近、テキサスにある新興企業を訪問した。この会社の従業員の大半は20代のエンジニアである。「きっと、この部屋にいる人たちの半分は、損益計算書に目を通したことがないのではないですか」とＣＦＯに尋ねたら、彼はこう答えた。「おっしゃる通りです。彼らは財務や事業に精通しているわけではありません。最大の課題は、事業がどういう仕組みになっているのかを彼らに教えることなのです」。仕事でよい成果を収めたいと思っている人材を採用したとしても、会社がどうやってお金を稼いでいて、どのような行動が会社に成功をもたらすのかを、明確に伝える必要があるのだ。

たとえばネットフリックスの従業員も、かつては会員数の拡大にばかり目が行って、経費が過剰に膨らんでいることへの認識が欠けていた。新規会員からたった1セント徴収する前に、ＤＶＤの購入、流通センターの建設、独自のプログラム開発の発注などに多額の費用を注いでいたのだ。収益が伸びていても、ネットフリックスの従業員は経費管理の重要性を学ぶ必要があった。

３つ目の問題は、「二重人格のベンチャー企業」と私が呼ぶものである。ハイテク企業の場合、通常この問題はエンジニアと営業チームの対立という形で見られる。しかし、それ以外の形で表れる時もある。たとえばネットフリックスでは、本社で専門職に就く正社員とコールセンターで働く時給制の契約社員との間には大きな違いがあるのだと、たまに従業員たちに思い出させなければならなかった。

ネットフリックスの財務部門はある時、給与支払い方法を変更しようと思い立った。彼らは、全社的に給料を従業員の銀行口座に直接振り込みたがった。これに対して私は、時間給の従業員には銀行口座を持っていない人もいると指摘しなければならなかった。

これはちょっとした例だが、もっと深刻な問題につながっている。リーダーたちが企業文化の形成を考える際には、主流の文化のほかに、別個に管理しなければならない可能性のあるサブカルチャー（副次的文化）に気を配る必要がある。

## 優れた人材管理責任者はまずビジネスパーソンやイノベーターのように考える。人事責任者として考えるのは最後である

私は全キャリアを通じて、ほぼずっと人事担当幹部を対象とする協会や団体に入っている。個人的にこれらのグループに属する人たちを好きだが、意見が対立することが多い。従業員の士気を高めるための施策に時間を費やす人があまりにも多いのだ。人事部一丸となって、会社が「働きがいのある職場」に選ばれることに腐心している企業もある（その選定方法を詳しく調べてみれば、実は単に従業員向けの特典と諸手当だけに基づいていることがわかる）。最近の会議では、「チーフハピネスオフィサー」（最

高幸福責任者）なるものを任命した会社の人にお目にかかった。最高幸福責任者なんて、何とまあ薄気味悪いコンセプトではないか。

私は30年のキャリアを通して、従業員のやる気を実際に奮い立たせた人事施策なるものを、一つも見たことがない。人事部門は従業員のためにパーティを開いたり、おそろいのTシャツを配ったりする。しかし、自社の株価が下がっていたり、製品の評判が芳しくなかったりしたら、そのようなパーティに出席しても従業員は陰で文句を言うだろう。そして、せっかく渡したTシャツは洗車に使われるはめになる。

人事担当者たちはチアリーダーのように振る舞う代わりに、自分はビジネスパーソンだと考えるべきだ。会社に役立つのは何なのか。それを従業員にどう伝えるか。優れた業績とは何を指すのかを、全社員にどうすれば浸透できるか。

簡単なテストがある。業績連動型ボーナスを導入しているなら、従業員を無作為に選んで、「具体的にいま現在何をしていれば、賞与の額が高くなるか知っていますか」と尋ねるのだ。答えが返ってこなかったら、人事チームは物事を十分明確にしていないことになる。

ネットフリックスで一緒に働いた同僚たちは、消費者が映画やゲームなどのコンテンツを楽しむ方法を変えつつあった。それは驚くほど画期的な仕事である。その一方で就任当初の私に期待されていたのは、他社のベストプラクティスを踏襲することだった（その多くは時代遅れになっていた）。人事業務に取り組む時は、ほとんど誰でもそうするらしい。しかし私はそのような足かせを拒否した。人事チームも他の部門のようにイノベーティブになれないはずがないのだから。

## 卓越した業績を重視する企業文化を育む

ネットフリックスの創設者兼CEO、リード・ヘイスティングスに、同社の型破りな人事施策について尋ねた。

**HBR（以下太字）：ネットフリックスの企業文化に関する資料を作成したのはなぜですか。**

**ヘイスティングス**（以下略）：あれは、駆け出しの起業家に向けた、我が社からの『若き詩人への手紙』です。あのようなことが創業当初にわかっていたら、と願うものです。資料作成には100人以上の従業員が貢献してくれて、いまでも改良を重ねています。

**あの中の多くのアイデアは常識のように思えますが、人事の通念とは相容れません。人材管理において、企業がイノベーティブになれない理由は何でしょうか。**

我々の社会全体は、数百年かけて第2次産業の会社の経営に取り組んできました。したがって、一般に認められている人事業務の多くはその経験に依って立っています。我々はクリエイティブな企業を経営する方法を学び始めたところで、第2次産業の会社とはまったく異なります。第2次産業の企業は、バリエーション（すなわち製造エラー）を削減することで繁栄します。しかしクリエイティブな会社は、バリエーション（すなわちイノベーション）を増やすことで繁栄するのです。

**通常の休暇制度や人事考課を廃止するといった動きに対して、同業者からどのような反応がありましたか。総じて他社は、御社の画期的な人事を称賛していると思われますか。それとも不信の目で見ているのでしょうか。**

私の同業者の大半は、クリエイティブな分野にいます。我が社の企業文化に関する資料で紹介したアイデアの多くは、彼らから寄せられました。皆、お互いから学んでいるのです。

**企業文化の資料に記されているアイデアのうち、従業員から最も抵抗があったのはどれですか。**

「ほどほどの業績の人には、たっぷりと解雇手当をはずんだうえで辞めていただく」ですね。あれは卓越した業績を求める我々の姿勢を、かなりはっきりと打ち出したものです。

**人材管理のイノベーションで大失敗だったものはありますか。**

これまでのところありません。

**パティ・マッコードさんは、通常の人材管理方法とかけ離れた職場環境に従業員が馴染めるようにするために、**

**リーダーがどのように適切な行動の範を示すべきかを語っています。それを踏まえたうえでお聞きしますが、2013年は何日休暇を取られましたか。**

「就業中」と同じく、「休暇」はいかにも第2次産業らしい概念です。私にとってネットフリックスのことを考えるのが楽しいので、丸一日仕事についていっさい考えないことはおそらくないでしょう。ただし昨年（2013年）、家族と一緒に3～4週間の旅行をしました。刺激的なひとときで、安らぐこともできました。

第3章

# CHROは経営者たれ

経営アドバイザー
**ラム・チャラン**
マッキンゼー・アンド・カンパニー グローバルマネージングディレクター
**ドミニク・バートン**
コーン・フェリー 副会長
**デニス・ケアリー**

**"People Before Strategy：A New Role for the CHRO"**
*Harvard Business Review*, July-August 2015.
邦訳「CHROは経営者たれ」
『DIAMONDハーバード・ビジネス・レビュー』2015年12月号

**ラム・チャラン**
**(Ram Charan)**
元ハーバード・ビジネス・スクール教授であり、現在は経営アドバイザーとしても活躍し、ゼネラル・エレクトリックやデュポンをはじめ世界の有力企業トップに対して助言を提供している。

**ドミニク・バートン**
**(Dominic Barton)**
マッキンゼー・アンド・カンパニーのグローバルマネージングディレクター。また、ブルッキングス研究所の理事を兼ねる。

**デニス・ケアリー**
**(Dennis Carey)**
コーン・フェリー副会長として、CEOと取締役のリクルーティングを担当する。

チャランとケアリー（およびマイケル・ユシーム）の共著書として、*Boards That Lead*, Harvard Business Review Press, 2014.（邦訳『取締役会の仕事』日経BP社、2014年）がある。

## 企業の成功は人材にかかっている

世のCEOたちは、成功は人材にかかっていることを心得ている。価値を生み出すのは、事業ではなく人材なのである。

しかし、大多数の企業の内側をのぞくと、CEOは、CHRO（最高人事責任者）や人事職能全般と距離があり、往々にして彼らに不満を抱いている、という実情が見えてくる。マッキンゼー・アンド・カンパニーとカンファレンス・ボードの調査では毎回、世界中のCEOが人的資本を最大の課題と見なす一方、社内の全職能を重要な順に並べると人事は8ないし9番目にすぎないと考えている、という結果が出る。このままではいけない。

人事部門はいまこそ、過去数十年における財務部門と同じような飛躍を遂げて、CEOの真のパートナーにならなくてはいけない。CFOが資金を調達、配分してCEOの采配を助けるように、CHROは人材、特に核となる人材を育成、配置し、組織の活力や熱意を引き出すことによって、CEOを補佐すべきである。

そして、人的資本のマネジメントは、財務資本のマネジメントが1980年代に獲得したのと同等の優先度を与えられるべきだ。80年代といえば、「スーパーCFO」の時代、そして競争力向上を目的とした大がかりなリストラクチャリングが幕を開けた頃である。

CEOはCHROについて、「管理業務に忙殺されて他の仕事がおろそかになっている」「事業を理解していない」といった不満をこぼすかもしれない。しかし、ここではっきりさせたい点がある。人事部門の重要度を引き上げて、CHROを自身の戦略パートナーにするうえでの障害を取り除くのは、CEOの役割なのだ。財務職能に単なる経理・会計に留まらない重要性を持たせたのは、突き詰めればCEOである。営業に特化した部門の役割を拡大してマーケティング職能を生み出したのも、やはりCEOである。

人事職能の地位を引き上げるには、CHROの仕事の中身、つまり契約内容を刷新して、CEO、CFO、CHROの3者で構成する「G3」という新たな仕組みを取り入れる必要がある。こうするとCHROも、CFOに引けを取らないほどの付加価値を生むようになるだろう。既定方針を実行するための支援要員ではなく、全社的な意思決定の中心人物という位置付けになり、その役割を十分にこなせるようになっているはずだ。

これらの変化を受けて、人事畑の幹部、さらには社内各部門のリーダーのキャリアパスにも重要な変更が生じるだろう。しかも、財務資源に加えて人的資源のマネジメントが向上すると、事業に恩恵が及ぶと考えられる。

こう自信を持って述べることができるのは、ゼネラル・エレクトリック、ブラックロック、タタ・コミュニケーションズ・グループ、マーシュなど、人材マネジメントに熱心に取り組む企業と仕事をした経験による。

## CEOとCHROとの新たな契約

CFOの仕事の中身は、投資コミュニティ、取締役会、社外監査役、規制当局によって定められる面もある。他方、CHROの役割を決めるのは、もっぱらCEOである。CEOは、CHROが果たすべき多大な貢献の中身をはっきり思い描き、それを具体的に、歯切れよく説明しなくてはならない。

何が適切な行動と望ましい成果であるかについて、CEOとCHROの認識を一致させるには、文書にまとめるのが確実な方法である。

CHROの責務を見直す手始めとして、CEOは経営チームや取締役会の主要メンバー、特に報酬委員会（「人材・報酬委員会」という呼称のほうが望ましい）と協議して、理想的なCHROへの期待内容を尋ねるべきである。

模範的なCHROは、通常の人事関連業務、すなわち従業員の満足度、仕事への熱意、福利厚生と報酬、多様性《ダイバーシティ》などの監督を行うほかに、何をすべきだろうか。

筆者らが重視するのは、①結果の予測、②問題の原因究明、③事業価値の向上につながる施策の指示である。この一部は、CHROの一般的な責務だと思えるかもしれないが、現実にはあまり実践されておらず、CEOの大多数を落胆させている。

## 結果の予測

ＣＥＯとＣＦＯは、３カ年計画と年次予算を策定するのが通例である。ＣＨＲＯには、人事分野の知識をもとに予算目標の達成可能性を見極める力が求められる。たとえば、主力チームやリーダーが外部環境の急変に時機を逃さず対応したり、チームメンバーが足並みを揃えたりする見込みはどの程度か、といった問題意識を持ち、自身の見解を示すべきなのだ。

企業業績は、適材適所が実現しているかどうかに大きく左右されるため、ＣＨＲＯが、個々の職務をこなすのに必要な要件を具体的に示し、配置された人材がその要件を満たしているかどうかを現実的な視点で評価すれば、業績向上に多大な貢献ができるだろう。影響力の大きい職務に関しては格別の注意を払う必要がある。

人事プロセスにおいては、全従業員を同じように扱う例が多いが、筆者らの見解では、事業においては２％の人材が影響力全体の98％を占めている。コーチングは、潜在力の発揮を妨げる１～２の要因に的を絞った場合などは、有効かもしれないが、効果には限界がある。職務と人材のミスマッチを克服する方法はないのだ。

リーダーの資質が職務に求められる要件と大きく食い違っていると、リーダー本人、上司、同僚、部下にとって不幸である。このため、深刻な悪影響が生じる前にＣＨＲＯが指導力を発揮して、不適切な行動や技能不足をあぶり出さなくてはならない。これは、全体の２％を占める影響力の大きい人材についてはとりわけ重要であるし、職務要件が変更になった場合にも必要となる。

加えて、ＣＨＲＯはＣＦＯとともに、主な業績指標、人材配置、予算が、望ましい成果を上げるうえで適切なものかどうか、熟考すべきである。また、必要なら新しい指標を考案すべきだ。財務情報は測定しやすいため、業績インセンティブや評価尺度として最も一般的だが、CHROはこれに代わるものを提案してもよいだろう。職務の重要性と遂行状況を組み合わせて会社への貢献価値を割り出し、その大きさに応じて報酬を支払うのが望ましい。財務部門と人事部門が協力して、どれくらいの価値を期待するかを、定性的要因と定量的要因の両方をもとに事前に決めておくべきである。

財務と人事のトップが、ある事業部長について検討する場面を想像してほしい。彼らは、競争を制して他社より高い業績を上げるには、その事業部長に何をしてもらう必要があるかについて、CEO、グループエグゼクティブとも連絡を取りながら、理解を深めようとしている。たとえば、デジタル化を加速するには、チームの再編と資金配分の変更、どちらが必要だろうか。外部からの重圧や事業機会にどれくらい順応しているか、会社が傾いた場合にどれくらい逆境への強さを発揮できそうか、デジタル化をどれくらい迅速に進められそうかなどを見極めれば、事業部長の業績を予想できる。これら諸点に関して具体的な評価尺度を設ければよいだろう。

別の事例も紹介したい。マーケティング部門長は、広告に予測データを活用する手腕を身につける必要があるかもしれない。CFOとCHROは、仮にその人物がデータ分析の基礎を徹底的に研究するのを怠り、専門性を備えた人材を速やかに雇わなかったなら、新たなライバルが参入して自社の価値を損なうだろう、と認識しておくべきである。評価尺度は、どれくらい速やかに部門の方向性を改めているかを、反映したものでなくてはならない。

「マーケティング部門長は、いつまでにどのような採用手順を踏むべきか」など、人材採用プランに焦点を当てた評価尺度も必要だろう。これらは、その時々のマイルストーンになる。予算配分に関する評価尺度もありうる。「新規採用者が組織に馴染んだ後は、マーケティング予算の配分を改めているか」「新たに配分した予算は、対象セグメントの売上げ、利益率、市場シェア、あるいはブランド認知度の向上に実際に寄与しているだろうか」。これらの効果は、表れるまでにある程度の時間を要するが、測定は可能である。

ＣＨＲＯは、競争に関しても有意義な予測ができなくてはならない。将軍がいかなる場合も敵情を探るのと同様に、ＣＨＲＯは競合他社についての情報を集め、自社と敵方の主な意思決定者、戦略実行者を比較すべきである。また、競合他社の人事関連の変化（インセンティブ制度の改変、離職率の上昇、新規採用をしている分野など）がどういった影響を生みそうか、それらの変化から市場での敵の動きについて何が読み取れるか、といった予測もすべきである。

たとえば、アップルは２０１４年に、医療技術分野の人材の採用に乗り出した。これは、ＡｐｐｌｅＷａｔｃｈをはじめとする製品の医療分野への応用を、積極的に推進するかもしれないという、早期に表れた兆候だった。アップルがそのような動きに出れば、ヘルスケア業界、医療機器メーカー、病院に何らかの影響が及ぶかもしれない。同じく、競合他社が組織再編やリーダー層の配置替えを行ったなら、特定の製品分野に重点を絞った可能性があり、自社にとっては脅威になるかもしれない。

競合他社に関する情報は、ヘッドハンター、メディアや報道関係者、他社から転職してきた人材、サプライヤー、顧客の顧客などを通して得られる場合が多い。さらには、「マーケティング担当のバイスプレジデントは、人材を重視せず、数字ばかり気にかけている」「コストに大鉈を振るうだけで、事業を育てることはできない」「あの会社で新規事業部のトップに抜擢されたのは、高成長企業からの転職者だ」といったエピソードや裏話も、予測の向上に役立つ。一例を挙げれば、モトローラは、アップルによる技術者の引き抜きが始まった時点でＣＨＲＯがＣＥＯに警鐘を鳴らしていたなら、ｉＰｈｏｎｅの登場を予見できたかもしれない。

ＣＨＲＯは、既存のライバル企業だけでなく、従来とは異なるタイプの企業による新規参入にも目配りしながら、部門と部門、チームとチームリーダーとリーダーを比較すべきである。「Ｘ社でヘアケア部門のトップに就任した人物は、我が社の新任部門長よりも経験や熱意があるだろうか」「Ｙ社でワイヤレスセンサーを開発するチームは、我々よりも協働が得意だろうか」。このような問題意識を持つと、将来の業績を決定付ける動向の予測に役立つだろう。

**問題の原因究明**

ＣＨＲＯは、組織の成果が上がらない原因、あるいは目標を下回っている原因を正しく見極めるべき立場にある。ＣＥＯは、ＣＨＲＯに分析を依頼する術を習得し、むやみにコンサルタントを雇うのは避けなくてはならない。

問題のほとんどは人に起因するものであるから、ＣＨＲＯはＣＥＯ、ＣＦＯと協力しながら、原因究明を進めるべきである。金利低下や為替変動といったわかり切った原因以外にまで踏み込み、数字の裏にある人々の仕事の仕方、協働の仕方にも目を向けるのだ。原因究明を誤らなければ、適切な対処法を示すことができ、優れた判断をしたのに運に恵まれなかった人々を更迭するという浅慮を避けられるだろう。

景気が低迷して業績が前年割れになった場合は、「リーダーはこの状況にどう対応したのか」という問題意識を持つべきである。手をこまねいていたのか、それとも攻勢に出たのか。競合他社の動きや外部環境の変化に対して、どれくらい速やかに動いたか。このような問いを通してCHROは、そもそもリーダーが適任ではないのか、それとも、適材ではあるが落ち度があったのかという、重要な点の見極めに寄与できる。このような局面でCHROは、どれくらい逆境に強いかなど、従来は知らなかったリーダーの一面を知ることもできる。このような情報は、今後の処遇を検討する際に役立つだろう。

ただし、個々のリーダーに注目するだけでは十分ではない。CHROはまた、ボトルネックや不必要な摩擦を生み出す活動がないか常日頃から注意を払い、関連し合う部署や人材の仕事の仕方を専門的な立場から分析すべきなのである。

あるCEOが、主力製品ラインの業績数値を吟味していると、市場シェアと利益が3年連続で減少している事実が見えてきた。形勢逆転の切り札として期待のかかる医療診断機器は、発売準備がいまだ整っていなかった。CEOとCHROが状況を探ったところ、ミルウォーキーを拠点とするマーケティングチームと、フランスのR&Dチームとの間で、製品仕様についての合意ができていないことがわかった。2人はただちに、この問題の解決に向けて、当事者を集めた会議を数回にわたって開く予定を立てた。

CHROが原因を探ったうえで問題を提起すれば極めて有意義だが、組織は往々にしてそのような風通しのよさに欠ける。情報を囲い込む、意見を述べず行動も取らない、それとなく同僚のじゃまをするといった行いは、往々にして見落とされる。CEOの中にも直属の部下同士の対立から目を逸らす人がおり、そのせいで組織全体の熱意を削ぎ、優柔不断を蔓延させてしまう。たとえば、各部門がタコツボ化して協働を怠ったなら、コスト削減、予算配分の変更、管理などをどれほど行っても、組織の劣化は食い止められないだろう。このため、組織内の関係性の機能不全をあぶり出すCHROは、極めて貴重な存在だといえる。

CHROは合わせて、熱意や活力を生み出す人材を社内で探し、育てるべきである。そのような人材は、結果を出す責任をみずから負うかどうかにかかわらず、問題の核心に迫り、発想を見直し、人と人との非公式なつながりを生み出して協働を促す。そして一般に、組織の健全性と生産性を高める。彼らは、価値創造の隠れた立役者かもしれない。

## 事業価値の向上につながる施策の指示

俊敏な企業は、従来通りの予算配分（昨年度と同額あるいは5％以内の増減）を踏襲するのが当然だという、よくある圧力に負けずに、事業機会の見込まれる分野に厚く資金を割り当てる必要性を認識している。マッキンゼー・アンド・カンパニーが1600社超の米国企業について、15年に及ぶ予算配分を調べたところ、その時々で大胆に配分を変えた企業（調査対象期間に資金の56％超について事業部をまたがって再配分した企業）は、予算配分の変動率が低い企業よりも、株主総利回りが平均で30％も高かったという。

人的資本についても、同様に柔軟に配置転換をすべきであり、CHROは人材の価値を引き出したり創造したりする取り組みを推奨できるよう、備えておくのが望ましい。具体策としては、隠れた才能に目を留めて「将来性のある人材」リストに載せる、新規市場での事業成長に拍車をかける狙いで他部門の人材を投入する、新技術の専門性を培う目的で外部から人材を採用するなどが考えられる。資本の再配分も重要ではあるが、それに合わせて人材を再配置してこそ、真の業績向上が実現するのだ。

今日の外部環境に対応するには、リーダーにはアルゴリズムの知識、デジタル化や急速な変化への心理的な慣れなど、以前は養う機会のなかった能力が求められる場合がある。そのような能力を持つ人材は、組織階層の下のほうに埋もれている可能性もある。彼らを十分に活かすには、従来のような緩やかな足取りで昇進させるのはなく、いっきに3～4ランク引き上げる必要があるかもしれない。CHROは、将来的に価値創造を担いそうな人材を探し、彼らの能力を開花させる方法を想像力を駆使して考えるべきである。CFOが数字の裏を読むのを得意とするのと同じく、CHROには人材を品定めする鋭い目が求められる。

ダウ・ケミカルは、従来の長期的なR&D活動に加えてサイクルの短いイノベーションを増やすには、ミレニアル世代（2000年以降に成人した世代）の起業家精神あふれる人材を積極採用するのが、最も即効性のある方法だと気づいた。全社員に占める30歳未満の比率は、2004年から2014年にかけて9%から15%へと増加した。さらに、新たな人材を活かす狙いでキャリアパスを見直して、20代や30代の人材に早めに大きな仕事を経験させるとともに、グローバル規模のリーダー会議に出席させる時期を前倒しした。

人材の価値を解き放つもう一つの方法として、短所を補ったり、能力を向上させたりするための具体策を提案するとよい。配置転換、助言委員会の設置、特定のスキル向上を助ける指南役の指名などが考えられる。たとえば、著名ベンチャーキャピタリストのジョン・ドーアは、自身が出資する小規模なスタートアップ企業の技術力を高めるために、豊富な人脈を駆使して、スタートアップの経営者たちをベル研究所の超一流研究者に引き合わせた。CHROも同様に、他社のCHROとの伝手をもっとうまく使って、能力向上に寄与しそうな人々を社員に紹介してはどうだろう。

CHROにとっては、成長の加速や多数のPLリーダー（損益に責任を負うリーダー）の育成を目的として、事業部を複数のサブグループに分けることを推奨するのも一案である。国別事業部や大規模事業部のリーダーを採用する際に、特定のスキルを持った人材を探すよう指示する例もあるだろう。人間関係の質、信頼と協働の水準、胆力など、社会や組織を動かす力《ソーシャルエンジン》の向上を重視する手もある。たとえば、行動からフィードバックまでの期間を短縮すると、モチベーションが高まり業務運営に好ましい効果が及ぶため、CHROは事業部と協力して業績評価を年1回から月1回に増やすとよい。

### 要求対象外の事項

CHROと新たに雇用契約を結ぶ際には、予測、問題の原因究明、事業価値の向上につながる施策の指示などに関して、期待内容を明確にするとともに、要求対象外の事項をも示すべきである。こうするとメリハリがついて時間に余裕が生まれ、高い水準の仕事ができる。

たとえば、一部の企業がすでに行っているように、人事部の仕事のうち契約関連や総務、福利厚生などを切り出して、別の部門や担当に割り当ててもよいだろう。CFOの責任下に移すのも一案である。

ネットフリックスは、伝統的に人事部が担ってきた通常業務や手続きを財務部の管轄下に置き、人事部の役割を採用と研修だけに絞り込んでいる。最近では、人事、財務、IT各部門の事務管理をまとめて担う組織を設ける例も生まれている。この種の組織は、CFOの管轄下に置かれるとは限らない。

報酬は従来、CHROの管轄事項であったが、CFOがソーシャルエンジンの機微を理解しにくいのと同様、CHROにとっては事業リーダーが直面する具体的な課題を理解するのは難しいかもしれない。報酬は従業員の行動や会社の俊敏性にとてつもなく大きな影響を及ぼすため、CEOとCFOも関与して決めるのが最も確かなやり方だろう。CHROが中心的な役割を果たしてもよいが、報酬内容は、CEOとCFOを加えた3者で決めるべきである。機関投資家が物を言う傾向が強まる現状に鑑みるなら、取締役会にも関与を求めるのが望ましい。

## CHROの適性

CEOは新任CHROの指名に際して、現状では職務要件をどれくらい満たしているか、3年後はどの程度の水準に達している必要があるか、判断すべきである。CHROの大半は人事畑の出身である。事業部門の経験者も皆無ではないが少数派にすぎない。コーン・フェリーの調査によると、フォーチュン100のCHROのうち、就任前に人事以外の分野で十分な経験を経た人の割合は40%にすぎないという。これでは、業績向上につながる行動を予測、分析、指示するうえで十分とはいえないかもしれない。しかし、幅広い議論に参加させれば、事業理解が増すだろう。CEOは、新たな役割に挑戦する機会をCHROに与え、四半期ごとにその成長の度合いを見極めるべきである。

CHROの業績評価はかねてから難しい問題だった。人事部門のリーダーたちは一般に、予算内で新しい手順を導入する、適所から目標人数を採用する、勤続率や仕事への熱意を高めるといった成果をもとに、評価されている。ところが、これらの取り組みは価値創造には直結しない。人事部門をコストセンターから価値創造型の組織へと改造するのであれば、それに合わせて、売上げ、利益率、ブランド認知度、市場シェアに密接に関連する成果をもとに、業績を評価すべきである。この関連性は高ければ高いほどよい。

CHROが付加価値を生む方法はいくつもある。逸材をこれまでとは別の上司の配下に置いて、より優れた成果を引き出す。重要なスキルを伸ばすためにコーチングを手配する。社外の人材を引き抜いて中枢ポストに就ける。売上げまたは利益を増やすために、2~3人を集めて新しい事業や施策を立ち上げる。ある事業部長が2年後の課題に対処できそうもないため、更迭して別の人材を充てる。協働が必要な分野での摩擦に気づき、それを解消する——。これらの取り組みは、観察と検証が可能であり、全社の業績数値と密接に関連する。

具体例を紹介したい。ある大企業で、古参のエグゼクティブバイスプレジデントに代えて、前途有望な若手リーダーに3つの事業部を任せたところ、業績が上向いた。成長志向でデジタル分野に詳しい新任エグゼクティブバイスプレジデントは、技術と生産における3事業部の共通性に着目して、製品開発期間を半分近くも短縮した。3年後、これらの事業部は競合他社を追い抜いて業界首位になった。

## 3頭体制（G3）を築く

CHROを真のパートナーにするために、CEOはCFO、CHROとの3頭体制（G3）を設けるべきである。これこそが、財務数値とそれを生み出す人材とを結び付ける、最善の方法である。加えて、「人事部を中枢組織として位置付け、CHROをCFOと肩を並べる要職に引き上げる」という合図を社内に送ることになる。

一部には、CHROをCTO（最高技術責任者）やCRO（最高リスク責任者）と同格にする企業もあるだろう。しかし、全社の舵取りはG3が核となって担うべきであり、3人だけの会合を持つのが望ましい。G3は、業務運営にひたすら邁進するのではなく、将来に目を向け、大局観を持つことにより、社運を左右するほか、業務執行上の問題をあぶり出して会社が軌道を外れないようにするだろう。業績向上に適した組織づくりもG3の役割である。

保険仲介とリスクマネジメントの世界的リーダー企業、マーシュのCEO、ピーター・ザフィーノは、CFOのコートニー・ライムクーラー、CHROのメアリー・アン・エリオットと、膝詰めの会合を頻繁に持つ。2015年4月には、期待通りの業績を達成するのに適した組織体制ができているかを見極める目的で、3者会談を持った。会談の冒頭では、ある事業をテーマに選び、ノートの白紙ページに縦線を引いた。線の右側はライムクーラーの担当する財務業績、左側はエリオットが担当する組織体制の領域とした。真ん中に横線を引いて、その上部には好材料、下部には悪材料を書き入れることとした。「4つのマスすべてをピーターが埋めてもよかったのですが、3人で力を合わせて作業をすることにより、大きな付加価値が生まれました」とエリオットが語ると、ザフィーノがこう言い添えた。「会談は15分くらいで終わりました。図表を埋めるのは、非常に貴重な経験でした。我々はすでに、規律ある事業運営を実践しています。四半期ごとに財務業績を精査し、人的資本についても四半期ごとに査定をしています。ですから、このうえさらに事業マネジメントの評価プロセスを追加導入するつもりでいるなどとは、傍からは想像しにくいかもしれません。ところが、このG3の仕組みは、役所的な仕事を増やさずに事業の実情をあぶり出す、素晴らしいレンズの役割を果たすのです」

3人は、出所の異なるデータを、協力して一つのフリップチャートにまとめ上げ、今後4～8四半期の業績見通しを支える組織面の長所と短所を列挙した。組織のあり方と業績の関連性がおのずと浮き彫りになり、対話によって大きな価値が生まれた。ザフィーノの言葉を引きたい。

「私どもは常々、業績の陰にある要因を深掘りしています。その際には、横方向ではなく縦方向へと探索を進めていきます。そうすると、業績向上に実際に寄与している組織要因に行き当たる可能性があるのです」

ザフィーノは一例として、人事部が推進する新営業プランの導入を挙げた。彼の関心事は、報酬に見合った成果が出るようにして、「営業報酬額と事業全体の業績との連動性を保つこと」だという。「売上げが伸びても、事業に再投資して収益性を高める方法がわからないようでは、まずいと思うのです」。

CHROは自身の立場からこの問題をじっくり考えていた。「この営業プランは望ましい行動へのモチベーションを高め、業績を『好調』の部類へと持っていくことができるだろうか」と自問自答したのである。

3人はまた、相関に着目することによって、何が最も重要であるかの見極めをつけた。ライムクーラーは、「改善したい点をすべて列挙するのはわけもありません。ところが、どこから始めたらよいかは容易にはわかりません。組織面で何が業績向上の真因であるかがつかめると、優先順位をつけやすくなります」と言う。たとえば、地域別の事業責任者の配転をどうするかは人事部にとって大きな問題であり、その難しさゆえに、ともすれば先延ばしされていた。その先延ばしによる業績停滞の度合いが見えてくると、「何とかしなくてはいけない」という危機感が募った。

エリオットの説明はこうである。「人事の分野では、『事業を理解してそれに寄り添おう』を合言葉にしています。G3会合は実際に役立ちます。CEO、CFOとの会合では、人事理論を持ち出す余地などありません。業績を高めるために組織は何をしなくてはならないか、主な変動要因をどう整合させるかが、すべてなのです」

ライムクーラーが補足する。「少人数で会う利点について述べておくべきでしょう。この種の議論は、経営委員が一堂に会した場、つまり当社の場合は10人が集まった場で行うのはふさわしくありません。いずれにせよ、少人数と多人数の会議は二者択一ではなく、それぞれ利点があるのです」。ザフィーノの弁はこうだ。「これは、全体像を効率的につかむ方法です。初回のG3会合を終えた後、私たちはおのおの、『組織と事業の壁が取り払われ、事業を十分に掌握できている』という納得感とともにその場を後にしました」

タタ・コミュニケーションズ・グループのCEO、ビノット・クマールも、非公式なG3を築いて活用している。同社は通信、コンピューティング、協働のインフラを大手グローバル企業向けに提供しており、顧客には数多くの固定・携帯通信会社も含まれる。2012年には価格が15~20%ほど下落し、破壊的技術が次々と登場した。タタ・コミュニケーションズ・グループが競争に取り残されないためには、速やかな事業変革が求められていた。そこで、少なくとも短期的には社外から人材を採用して、重要なケイパビリティを獲得しなくてはならないと思われた。これではコストの上昇に火に油を注ぎかねなかった。どこかで妥協する必要があった。クマールはCFO（当時）のサンジャイ・バウェジャとCHROのアーデシュ・ゴヤールに協力を求め、財務と人事、両方を考慮しながら前進に向けた道筋を描くことにした。

こうしてG3が頻繁に集まって討議した結果、会社の新しい方向性にそぐわないポストや余剰ポストを再編し、適切な地域に人員を配置する、という合意に至った。これによる人件費の節減幅は7%と見込まれた。浮いた人件費の使途は、セールス、マーケティング、テクノロジーなど、必要なケイパビリティを、主に新規採用によって獲得することとされた。

G3は次に、長期的な変化への対応策を練った。2013年末には、生産性のたゆみない向上を目指して全社的な取り組みを始めた。当初の目標は1億ドルのコスト削減だったが、大本の狙いは新たな組織文化の種を蒔くことだった。G3はまず、職能横断的なチームを設けて、本来業務と兼務する形でメンバーを集めた。最終的には500人以上が参加して50分野のアイデアを検討し、当初目標を上回るコスト削減を達成した。端的に述べるなら、プロジェクトは大成功を収め、現在も成果を出している。

タタ・コミュニケーションズ・グループにおいては今日、CEO、CHRO、CFO3者による公式、非公式の対話はすっかり定着している。やがて、CHROであるゴヤールの事業掌握力の高さが明白になり、クマールは果敢な決断をした。ゴヤールに、CHROの職務に加えて成長株の子会社の経営を委ね、新規事業分野の投資・育成機会を探るイノベーション委員会のメンバーにも指名したのである。

## 定期会合でG3の効果を高める

G3の効果を引き出すには、CEOは定期的に会合を招集しなくてはならない。

### 週次の状況確認

CEO、CFO、CHROは週に一度のペースで会合を持ち、ソーシャルエンジンの状況に関する社内外からの早期の警戒シグナルを議論すべきである。3者が異なるレンズを通して事態を眺め、見解を出し合えば、状況をより正確に把握できるだろう。額を突き合わせる必要はなく、テレビ会議や電話会議でもかまわないが、頻繁に会合を開くことが大切である。規則正しく実施すれば、6週間ほど経過した後は、1回当たり15~20分で済むだろう。

会合ではCEOが雰囲気づくりをして、調和の取れた議論がなされるよう配慮し、知的な誠実さを絶対条件にしなくてはならない。当然ながら、CFOとCHROは政治的な中立性を保って信頼を築くべきであり、誠実さを犠牲にしてCEOのイエスマンに成り下がるようなことがあってはならない。みずからすすんで率直な発言をすることが求められる。次第に、互いの考え方への理解が深まり、臨機応変な議論ができるようになり、3人とも事業の奥深さについて多くを学ぶだろう。互いの先入観を改めることへの抵抗感が減り、人々の胸中を察する術に長け、適材適所を実現しやすくなるだろう。

## 月次で将来予測をする

G3は月に2~3時間を費やして、4~8四半期先までの予測を立てるべきである。その際には、以下のような問いを念頭に置くとよい。目標達成を妨げる人材関連の問題は何か。個人絡みの問題はあるだろうか。協働に関わる問題はあるか。競争状況を把握できていない上級幹部はいるだろうか。退職しそうな人物はいるだろうか。

業績レビュー、つまり振り返りは少なくとも四半期に一度は行うはずである。他方、本稿で扱うのは予測や原因究明であり、業績数値だけでなく人事についても先行きを読もうとする。というのも、失敗したり、機会を逃したりする原因は、たいていは人にあるのだ。組織上の問題、エネルギーの消耗、組織間――特に上位2階層における組織間――の軋轢などがあるかもしれない。マトリックス組織には軋轢が付き物である。G3は、どこに軋轢があるか、軋轢が新規施策の進捗に影響するかどうか、リーダーはどう軋轢に対処しているかを、把握しておかなければならない。このような探究は、マイクロマネジメントや犯人捜しとは違う。むしろ、良い業績と悪い業績、両方の真因を探り、是正措置を迅速に、あるいは予防的に取るための手段なのである。

## 3年分のプランニング

3年後の目標を立てて、新規プロジェクトと設備投資先を決めることは、一般的に行われているが、そこからは往々にして、人事関連の問題意識が抜け落ちている。目標達成に必要なスキル、訓練経験、気質などを持った人材はいるだろうか。既存の人材は、変わりゆく環境への順応力を備えているだろうか。戦略立案においてはたいてい、組織内の重要な人材や競合他社の人材は、いっさい考慮されない。

戦略よりも先に、人材について議論すべきである（ゼネラル・エレクトリックはこれを実践していることで知られる）。従業員はどのような能力を備え、どういった助けを必要としているだろうか。彼らは超一流の人材だろうか。ある企業のCEOとCHROは、影響力の大きなポジションが空いた場合、社内から3人、社外から2人、合計5人の候補者を挙げる決まりを設けた。人材は常に、幅広い文脈の中で観察すべきである。誰が優れた手腕を発揮しているか、解雇されようとしているか、他社に引き抜かれようとしているかなど、自社やライバルの競争力に影響しそうな情報を考慮するのだ。

## 人事畑のリーダーを育てる

一部のCEOは、人事分野のリーダーの事業判断や人物鑑識眼を十分に信頼せず、CHROを取り立てることに二の足を踏むかもしれない。「人事部長は、採用、解雇、給与、福利厚生といった問題しか、議論する備えがない」という不安がある。このような躊躇に対処するために、CHROに十分な習熟機会を与えなくてはならない。G3会合を通して事業課題に接する機会を増やすとともに、コーチングを行うことである。知識やスキルの不足がなかなか解消されないようなら、どう解消するつもりかをCHRO本人に聞くとよい。すると底力を見せる人もいるだろうが、期待に応えない人も出てくる。最初のうちは、後釜を探そうにも適任者は少ないかもしれない（1980年代に、財務畑の人材の中からCFOの適任者を探す際にも、同じような議論がなされた）。

定番の解決策は、人事畑のリーダーに事業知識を、そして事業リーダーに人事関連の知識を身につけさせるために、新しいキャリアパスを設けることである。人事分野か否かを問わず、最下層のリーダー全員に、人材の評価、採用、コーチングに関する厳しい訓練を受けさせるべきである。そして人事分野のリーダーに就くに際しては、マッキンゼー・アンド・カンパニーがすべての新規採用者に要求するのと同じような、事業分析の綿密な訓練を受けさせるべきである。一貫して人事畑を歩んでリーダーになる、というキャリアパスはあってはならない。CHROを目指す人々は、いずれかの時点で事業ラインの仕事を経験し、人材と予算、両方のマネジメントを経験すべきである。

経営トップの座をうかがうリーダーは全員、人事と事業、両部門のポストを行き来するのが望ましい。人材を社内の上位3階層に取り立てるに当たっては、人事分野のリーダーとして優れた手腕を示したことを条件付け、ほどなく人材マネジメントの役割を担わせよう。これをただの通過儀礼にしてはいけない。人事のセンスがない人は、経営上層部で長く成果を上げ続ける可能性は小さいだろう。

## 新しい人事慣行への移行

「差別化に基づく競争優位を持続させるカギは、結局のところ人材である」という考えに納得したCEOは皆、人事職能の刷新と地位向上を真剣に検討しなくてはいけない。CFOとCHROを結束させる仕組みをつくると、事業に好影響が及び、CEO個人の手腕も高まる。とはいえ、一朝一夕に実現するものではない。これだけ大きな変革を成し遂げるには、少なくとも3年は必要だと考えられる。

手始めに、CHROと人事職能への期待内容を刷新し、文書で示すとよいだろう。続いて、事業と人事についての知見を融合する方法を生み出すのが望ましい。キャリアパスと人事評価を改めると、会社のさらなる飛躍につながるだろう。ただし、これらを実現するうえでは、CEO自身がこのような課題を尊重し、3年分の誓いを立て、実行に移すことが欠かせない。

第**4**章

# アジャイル化する人事

ペンシルバニア大学 ウォートンスクール 教授
**ピーター・カッペリ**
ニューヨーク大学 准教授
**アナ・テイビス**

**"HR Goes Agile"**
*Harvard Business Review*, March-April, 2018.
邦訳「アジャイル化する人事」
『DIAMONDハーバード・ビジネス・レビュー』2018年7月号

**ピーター・カッペリ**
**(Peter Cappelli)**
ペンシルバニア大学ウォートンスクールのジョージ W. テイラー冠講座教授。担当はマネジメント。また、同校センター・フォー・ヒューマン・リソーシズのディレクターを兼ねる。

**アナ・テイビス**
**(Anna Tavis)**
ニューヨーク大学の臨床准教授。担当は人的資本の管理。また、人事分野のエグゼクティブ向け雑誌『ピープル+ストラテジー』の編集者として、「パースペクティブズ」欄を担当する。

## 人事分野で進むアジャイル化

「アジャイル」（俊敏さ）は、もはやテクノロジー分野に特化した手法ではない。製品開発、製造、マーケティングなど他の分野にも浸透し、いまや人材の採用、育成、管理を変えつつある。

人事分野では、テクノロジー分野のアジャイル手法のツールや慣習をすべて取り入れているわけではない。一般原則だけを応用しており、言わば「簡易なアジャイル化」が進行中である。ルールと計画に基づく手法から、参加者のフィードバックに基づく簡潔で迅速な手法への移行である。この新しい手法は業績管理の領域では十分に機能し始めている（デロイトが２０１７年に実施した調査によると、世界各国のエグゼクティブの79%が、アジャイルな成果管理は組織の優先事項だと回答した）。ただし、他の人事業務にも変化は及び始めている。

この現象は、全組織の90%超がすでにアジャイル手法を取り入れるＩＴ分野からの波及効果として、多くの企業で自然発生に近い形で徐々に起きている。たとえばモントリオール銀行では、顧客重視の強化を使命とする職能横断的な製品開発チームに、ＩＴ系の従業員が加わったことを機に変化が起きた。事業部の出身者はＩＴ部門の出身者からアジャイル手法を学び、ＩＴ部門の出身者は事業部の出身者から顧客ニーズを学んでいる。こうしてモントリオール銀行では現在、個人だけでなくチームにも着目して成果管理を実施している。

より意識的に速やかに人事業務のアジャイル化を進める企業もある。ゼネラル・エレクトリック（GE）がその典型である。かねてから統制型マネジメントの本家本元と見なされていたGEが、ファストワークスというリーン手法へと宗旨替えをした。トップダウン型の財務管理をやめ、ニーズに合わせてプロジェクトを管理できるようチームに権限を委譲しているのだ。

人事分野の変革は長きにわたって切望されていた。第2次世界大戦後、製造業が産業界の主役だった時代には、計画《プランニング》が人事業務の根幹を成していた。企業は元兵士を雇い、能力向上を助けるためにさまざまな部署を経験させた。何年もかけて育成してから次第に責任を重くしていき、昇格するたびに、自動的に給与を上げた。この手法の核を成すのは官僚的な発想だった。ルールに沿った一貫性のある人事制度を設けて、5カ年計画（場合によっては15カ年計画）を確実に達成しようとしたのである。

これは理にかなっていた。中核事業から総務まであらゆる分野において、長期的な視点に立った目標設定、予算策定、業務運営がなされた。人事部はそれを踏まえて支援業務を行った。

1990年代には事業の先行きが見通しにくくなり、新しいスキルを速やかに身につける必要があったため、従来の手法は揺らぎ始めていたが、破綻してはいなかった。状況に臨機応変に対応する狙いから、社内での育成や昇進は、かなりの程度まで外部からの中途採用に取って代わられた。包括的な報酬枠の導入を受けて、マネジャーが能力向上や業績を考慮して部下たちに報酬を割り振る余地は広がった。とはいえ、概して従来の手法が引き続き用いられていた。

他の職能分野と同じく、人事業務も依然として長期的な視点で遂行されていた。人員や後継者に関する計画も、景気や事業状況の変化によって意味がなくなる場合が多いにもかかわらず、続けられていた。

年末の人事査定はおしなべて不評であったが、廃止されなかった。

現在起きているのは、より本格的な変化である。なぜいまなのか。それは、急速なイノベーションが、一部ではなく大多数の企業にとって、戦略上不可欠になっているからだ。その目的を果たすために、企業はシリコンバレー、とりわけソフトウェア企業に目を向け、アジャイルなプロジェクト管理手法を模倣してきた。こうしてトップダウン型の計画手法に代わり、その時々の状況への対応に適した、ユーザー志向の機敏な手法が普及している。

具体的には、ラピッド・プロトタイピング、反復フィードバック、チームベースの意思決定、タスクを基本とする「スプリント」などである。モントリオール銀行の最高変革責任者リン・ロジャーの言葉を借りるなら、「スピード重視が産業界における最近の潮流」なのである。

最近の事業環境の下では従来の人事慣行が正当化されない一方、アジャイル手法という模範が存在するため、人事管理もついに、待望久しい全面見直しに至ったのである。本稿では人事分野で進む重要な変化をいくつか取り上げ、アジャイル人事への移行に伴う課題を紹介する。

## 最大の変化は人事のどの領域で起きているか

組織のあらゆる側面と全従業員に関係する人事分野においては、アジャイル変革は他の職能分野の変革よりもいっそう広範囲に及び、しかも難易度が高い可能性がある。人事慣行の見直しは具体的には以下の分野で行われている。

### 業績査定

基幹業務にアジャイル手法が導入された際に、プロジェクトの進行方法や終了時期を1年以上も前に計画しようとする間違ったやり方は、廃止になった。したがって、多くの場合、年次の業績レビューが従来の人事慣行の中で真っ先に不要とされた。それとともに、事業領域や事業ユニットの目標をもとに毎年、個人目標が「上から降ってくる」こともなくなった。

プロジェクト周期が以前より短くなったほか、各人が携わる複数のプロジェクトは期間がまちまちで、往々にして別々のリーダーの下、チーム単位で遂行されるため、一人の上司が年次で業績へのフィードバックを行うという発想はほとんど意味を成さなかった。より手厚いフィードバックを大勢が頻繁に行う必要があった。

このような潮流が生まれた当初、CEBが実施した調査では、年次業績レビューを廃止した企業では従業員へのフィードバックと支援は、むしろ減ったという結果が出た。代替策を講じない企業が多かったからである。マネジャーたちは新しいフィードバック手法を取り入れる必要性を強く感じず、他の優先課題に注意を向けた。言うまでもなく、代替手段を用意せずに業績査定を廃止するのは、失敗を招く悪手だった。

多くの組織はこの苦い教訓を学んで以降、業績査定を頻繁に行うようになり、プロジェクトごとに実施する例も多かった。この変革は、小売り（GAP）、大手製薬（ファイザー）、保険（シグナ）、投資（オッペンハイマーファンズ）、消費財（プロクター・アンド・ギャンブル〈P&G〉）、会計（4大会計事務所）など、多くの業界に広がった。最も有名なのは、多様な事業分野に導入したGEと、IBMである。全体として、年間を通して速やかにフィードバックを行い、主なアジャイル原則（俊敏性の向上、走りながらの軌道修正、業績改善、反復による学習など）の実践をチームに促すことに重点が置かれた。

顧客中心主義の下、マネジャーと部下たちは新手法の構想、試行、改良に取り組んできた。たとえばジョンソン・エンド・ジョンソンは、実験に参加する機会を各事業部に与えた。同僚や上司とリアルタイムで意見交換ができるカスタマイズアプリを使って、従来とは異なる継続的なフィードバックプロセスを試すことができるのだ。

この新しい仕組みは、重要な出来事に合わせて実施する「年5回の面談」（主なテーマは目標設定、キャリア相談、年央の業績レビュー、年末の査定、報酬レビュー）を廃止して、対話を継続的に行う手法を導入しようとする試みだった。参加者には実験の成果や問題点などについて意見を求めた。期間は3カ月だが、当初、積極的に参加したマネジャーは20%にすぎなかった。年次査定への長年の慣れから抜け出すのは容易ではなかったのだ。

そこで、会社は研修を実施して優れたフィードバックとはどういうものかをマネジャーに伝え、チーム内で模範的な行動を取る「変革の推進者」を指名した。3カ月の実験期間が終了する頃には、マネジャーの46%が熱心に参加し、3000件ものフィードバックを交わしていた。

成長著しいバイオテクノロジー企業リジェネロン・ファーマシューティカルズは、さらに踏み込んだ査定の見直しを行っている。人材開発部門の責任者ミシェル・ワイツマン＝ガルシアは、医薬品開発部門、製品供給グループ、現場のセールス部隊、本社職能部門の査定を、同じ周期で同じように行うのは望ましくないと語った。おのおの、必要なフィードバックも業務スケジュールも異なるというのだ。

そこでリジェネロン・ファーマシューティカルズは、多様な部門のニーズに合わせて4つの異なる査定制度を設けた。たとえば、リサーチサイエンティストや博士研究員は評価尺度に関心があり、能力水準の把握に熱心であるため、能力評定と節目ごとの査定のために年に2回上司と面談する。顧客と接する部門に関しては、法人顧客や消費者からのフィードバックを査定に反映させる。

4つの異なる査定制度に対応しなくてはならず面倒ではあるが、継続的にフィードバックを行うという新ルールの徹底にはつながる。ワイツマン＝ガルシアによれば、会社にとっての恩恵は人事部の負担を補って余りあるという。

## コーチング

アジャイル人事手法の導入に最も成功しているのは、マネジャーのコーチング技能向上に力を入れる企業である。シグナのスーパーバイザーは、多忙なマネジャー向けのコーチング研修を受ける。空き時間を使って、90分間のビデオを週に1本のペースで観るのだ。アジャイルプロジェクト管理分野の「スプリントについて学ぼう」など、テーマ別の手短な座学もあるため、新たなスキルについてじっくり考えて実務で試すこともできる。

同僚間のフィードバックもマネジャー研修に盛り込まれている。同僚同士がともに学ぶ仲間として意見を交わしたり、戦術を共有したりするのである。彼らが交わすのは、上司が直属の部下にかけるべき言葉だが、当人たちは「評価」への不安に囚われずに、失敗を互いに忌憚なく明かす。

ＳａａＳ（ソフトウェア・アズ・ア・サービス）のインフラに特化したニューヨークの新興企業デジタルオーシャンは、全マネジャーのフィードバック力を高めるほか、広く社内のコーチング力を向上させる狙いから、コーチングのプロに常駐してもらっている。「素晴らしいコーチングを受けた人は、よりよいコーチになるだろう」という発想からである。

優れたコーチになることを全員に期待しているわけではなく、コーチングよりもプログラミングを好む人材は、技術者としてのキャリアパスを歩めばよい。とはいえ、マネジメントの道を歩む人にとって、コーチングスキルは必須と見なされている。

Ｐ＆Ｇも、マネジャーのコーチング力向上に熱心に取り組んでいる。これは、スーパーバイザーを対象とした研修や育成を立て直し、社内における彼らの役割を拡大するための大きな施策の一環である。Ｐ＆Ｇは業績レビューのプロセスを簡略化し、評価を能力育成の議論から切り離して、人材評価会議を廃止することで、従業員を成長させるための潤沢な時間を確保した（人材評価会議はスーパーバイザー間の恣意的な駆け引きの場であり、えてして主観的で政治色の濃い順位付けが行われる）。

ただし、部下の評価から日常業務におけるコーチングの実践へとスーパーバイザーの役割を改めるのは、Ｐ＆Ｇのように伝統ある企業文化においては容易ではない。このためスーパーバイザーを対象とした研修に大いに力を入れている。具体的なテーマは、部下の優先課題と目標をどう決めるか、貢献に対してどうフィードバックを行うか、キャリアに関する本人の希望を事業上のニーズや学習・育成プランとどう整合させるか、などである。

従業員の能力を高め、スーパーバイザーとの関係を充実させると、熱意がみなぎり、会社のイノベーションや俊敏性の向上に寄与するだろうという狙いがある。全社的な社風変革についての評価はいまだ定まっていないが、P&Gはすでに、上述の分野での改善がすべてのマネジメント階層で見られると報告している。

**チーム**

従来の人事は個人の目標、業績、ニーズに重点を置いていた。しかし、現在では多くの企業がプロジェクト単位で業務を遂行しているため、マネジメントと人事制度はチーム重視の傾向を強めつつある。新しい情報が入ると、それに速やかに適応するためにチームレベルで瞬間的にスクラムを組んで目標と任務を定め、実行し、軌道修正していく（「スクラム」は最も有名なアジャイル用語だろう。もともとは、選手たちが肩を組んでプレー再開に備えることを意味するラグビー用語である）。彼らはまた、自分たちで進捗を把握し、障害を突き止め、リーダーシップを分析し、成果を向上させる方法についての知見を生み出している。

このような状況下、組織は以下の諸点に取り組む術を身につけなくてはならない。

❶多角的なフィードバック

アジャイル環境において軌道を修正して従業員の能力を高めるうえでは、同僚によるフィードバックが不可欠である。なぜなら、各人の貢献を誰よりもよく知るのは、同じチームのメンバーたちだからである。同僚によるフィードバックはほとんどが非公式なものであり、一般にスーパーバイザーではなく本人に向けられる。したがって、建設的な意見が出され、競争の激しい職場で時として見られる足の引っ張り合いは起きない。

ただし、「同僚によるフィードバックを業績評価に反映させるべきだ」と考えるエグゼクティブもいる。IBMで人事を統括するダイアン・ガーソンは「上司と部下の関係性は、ネットワーク、つまり部下が関与する複数のプロジェクトとの関連で変化します」と説く。

アジャイル環境では、業績を従来のように「測定」するのは実質的に不可能であるため、IBMのマネジャーは課題を早めにつかんで対処するために、他者に意見を求める。そのような意見は慎重に扱うべき内容でない限り、立ったままで行う毎日のミーティングでチームに紹介し、アプリに記録する。同僚に意見を伝える際には、上司や他の同僚を宛先に含めるかどうかを選択できる。同僚に関するスーパーバイザー宛の意見もチームメンバーに伝わるため、悪意ある行動は抑制される。同僚の足を引っ張ろうとすれば、必ず露見するだろう。

部下がチームリーダーやスーパーバイザーに行う「上方への」フィードバックも、アジャイル組織においては非常に尊重される。マイター・コーポレーションの非営利の研究センターは、この種のフィードバックを奨励する方向へ踏み出したが、重点的に努力する必要があると気づきつつある。

まずは従業員を対象に匿名のアンケートとフォーカスグループを定期的に行い、どのようなテーマについて上司と話し合いたいかを探った。次に人事部はそのデータを抜粋して、部下との面談に役立ててもらうためにスーパーバイザーに渡した。ところが従業員たちは、匿名でしかも利用目的が育成に限定されているにもかかわらず、当初は上司へのフィードバックに消極的だった。マネジャーの行動について、意見を述べる習慣がなかったからである。

マイター・コーポレーションはまた、部下から率直な意見をもらううえで最も重要なのは、上司が「意見を望み、尊重する」という趣旨を明言することだと学んだ。さもないと部下たちは「リーダーは本心では、フィードバックを前向きに受け止めたり、それを活かしたりする気がないのではないか」という、無理からぬ心配をするかもしれない。

従業員調査全般に当てはまることだが、上司へのフィードバックを求めておきながら、それを行動に反映させずにいると、フィードバックの意欲を削ぎ、苦労して培った部下とマネジャーとの信頼関係を傷付けてしまう。マイター・コーポレーションで業績管理とフィードバックの新制度が始動した際、CEOは、研究センターは反復《イテレーション》を通して改善を行う必要があると明言した。上司へのフィードバック制度の改善版は、2018年に導入される見込みである。

四方八方にフィードバックが行き交う状況を受けて、多くの企業がテクノロジーを活用して、膨大な量のフィードバックを管理しようとしている。アプリを活用すれば、上司、同僚、顧客がどこからでもすぐにフィードバックを行うことができる。特筆すべき点として、スーパーバイザーは後日、評価を行う際にすべてのコメントをダウンロードできる。アプリによっては、担当者とスーパーバイザーが、目標に向けた進捗をスコア化する機能もある。

マネジャーがスラックのようなプロジェクト管理プラットフォーム上でのやり取りを分析して、協働状況に関するフィードバックを行うのに役立つアプリも、皆無ではない。シスコは独自技術を用いて、同僚の仕事ぶりに関する従業員たちのコメントの生データを週ごとに収集している。このようなツールがあると、マネジャーは各人の業績の時系列推移を把握でき、チーム内の業務に特化した推移をつかむことさえできる。

言うまでもなく、アプリが提供するデータは正式な業績記録とは異なる。ダウンロード可能なファイルに問題点が記録されるのを避けたい従業員は、上司と差しで話し合おうとするだろう。ただし、企業は実際の業績に加えて向上度合いも評価と報奨の対象にするのだから、問題点を隠すのは必ずしも当人にとって得策ではない。

❷現場での判断権限

個人主体からチーム主体への根本的な変化は、意思決定権をも左右している。意思決定権を現場に下ろし、自主的に業務を遂行する権限を従業員に与える動きが生じているのだ。ただし、これは大きな行動変化であり、うまく対応するには支援が必要である。

再度、モントリオール銀行の事例をもとに説明したい。同行が新規の顧客サービスを設計する目的でアジャイルチームを設けた時点では、上級リーダーは管理を緩める準備ができておらず、チームメンバーも権限を持つことに慣れていなかった。そこで銀行は各チームにアジャイルコーチを加入させた。コーチたちはまず、上級エグゼクティブを含む全員に「振り返り」を実践させた。反復を終えるつど、省察とフィードバックを行わせたのである。

これは活動後レビューのアジャイル版であり、プロセスを改善し続けることを狙いとしている。実際にやってみると、具体的な成功と失敗、およびその根本原因がたちどころに見えてきたため、上級エグゼクティブは振り返りの意義をすぐに悟り、アジャイル手法全般を取り入れて意思決定権を委譲するようになった。

### ❸複雑なチーム力学

最後に、スーパーバイザーの役割が各部下のマネジメントから生産性の高い健全なチーム力学の促進へと変わり、中身が格段に複雑化したため、これについても助けが必要になる例が多い。シスコのチームインテリジェンスという特別組織は、このような支援の提供を使命とする。社内で最も成果の優れたチームを見つけ出し、その運営手法を分析し、同様の成果を上げるための手法を他のチームが体得できるよう、手助けをするのだ。チームインテリジェンスは、事業部内外でのチームの取り組みを測定、改善するために、プロジェクト、ニーズ、成果に関するデータを追跡するチームスペースという全社プラットフォームを用いている。

## 報酬

変化の波は給与にも及んでいる。メイシーズなどの小売企業は年度末の昇給だけに依存するのをやめ、従業員の貢献にその時々で報いるために臨時ボーナスを支給するという簡単なやり方で、アジャイル業務に適応している。従業員が望ましい行動を取ったらすぐに報奨を与えるのが、モチベーション向上に最も役立つことが、研究と実務の両方からわかっている。すぐに報奨を与えると、速やかなフィードバックの効果が著しく高まる。年間の実績に基づいて昇給を決めるやり方では成果と報奨のタイムラグが大きすぎて、効果が限られるのだ。

実際、パタゴニアは知識労働者を対象とした年次昇給の廃止に踏み切った。代わりに、労働市場の実勢賃金を調べて、それをもとに職種ごとの賃金を頻繁に調整している。加えて、難しいプロジェクトを引き受けたり、さまざまな方法で平均をはるかに超える成果を上げたりした従業員も、昇給の対象とする。上位1％以内の高業績者を対象とする報酬枠があり、スーパーバイザーはこれに値する貢献例（チームへの貢献も含む）を推薦することができる。

学習や知識共有のようなアジャイル理念を徹底する目的にも、報奨制度が使われている。衣装レンタルサイトを運営する新興企業レント・ザ・ランウェイは、ボーナスを廃止してその分を基本給に組み入れた。CEOのジェニファー・ハイマンは、ボーナス制度は同僚間の正直なフィードバックを妨げていたと指摘する。「同僚のボーナスが減りかねない」という理由により、建設的なフィードバックが控えられていたのである。新しい制度は「フィードバックとボーナスの関係を断ち切る」ため、率直なフィードバックがなされないという問題の回避に役立つという。

デジタルオーシャンは、公平な処遇と協働の文化を促進する狙いで報奨制度を改めた。現在では年に2回ずつ、労働市場、職務、業績の変化に応じて給与を見直している。類似職務間の給与格差を縮小するという、さらに重要な改変も実施した。（マイクロソフトやアマゾン・ドットコムのような）激しい社内競争の弊害を痛切に感じており、意図的に競争を防ごうとしているのだ。

個別に給与を決めるために、各人が何に貢献しているか、どの分野で能力向上が必要かを分析している。給与に関する話し合いで焦点になるのは、事業への貢献に関する個人データである。昇給交渉をしようという意識はくじかれる。金銭的報奨の対象となる上位1％を別にすると、能力給の入り込む余地はない。ボーナスは全員に支給されるが、金額は個人の貢献ではなく会社の業績をもとに決まる。デジタルオーシャンは協働をいっそう促進する狙いから、ＣＥＯの「厳選お薦め本」が入ったキンドルのような有意義な非金銭的報奨を用意するなど、報酬の多様化を図っている。

金銭的報奨を増やさずに、最大限の力を発揮しようというモチベーションを引き出すために、デジタルオーシャンはどのような方法を用いているのだろうか。人事担当バイスプレジデントのマット・ホフマンは、目的意識と創造性を引き出す文化の醸成に注力していると語る。これまでのところ、狙い通りの効果が生まれているようだ。従業員アンケートツールのカルチャーアンプを用いた最新の従業員熱意調査によると、デジタルオーシャンの従業員の報酬満足度は業界の基準値を17ポイント上回っている。

## 人材の募集と採用

世界的な金融不況が終息して以降の景気改善を受けて、人材の募集と採用が差し迫った課題となり、アジャイル化も進んでいる。ＧＥが新たに設けたデジタル事業部は、２０１５年、人員を早急に増やすために採用面でいくつか革新的で興味深い試みをした。職能横断的なチームがすべての採用案件に一体となって取り組むのは、その具体例である。空きポストに速やかに適材を充てたい社内の人々の利害を、「人員担当マネジャー」が代表する。スクラムマスターが採用プロセスを監督し、案件を抱える採用責任者だけがチームに加わる。

チームは足踏みを避けるために、望ましい候補者の条件に関する議論が決着するまでは採用活動に乗り出さず、懸案がすべて解決した案件を重点的に扱う。空きポストに優先順位をつけ、優先順位の高いポストが埋まるまではそれら案件に注力する。「この候補者はむしろ別のポストに向くのではないか」といった情報をメンバー間で共有できるように、複数の採用案件を同時並行で進める。チームは、ポストを埋めるのに要する期間を記録するとともに、全採用案件の状況を掲示版に表示して、ボトルネックや膠着したプロセスの把握に努める。最近ではＩＢＭも類似の募集・採用方法を用いている。

アジャイル環境に適した採用候補者の発掘や勧誘といった活動も、テクノロジーへの依存を強めている。ＧＥ、ＩＢＭ、シスコは、この目的に合ったソフトウェアを開発するために、アセンディファイというベンダーと組んでいる。ＩＴ人材の募集・採用を支援するハッカーランクも、同様の目的に沿ったオンラインツールを提供している。

## 学習と能力開発

新しいスキルをより迅速に組織に取り入れるには、人材の募集や採用と同じく、学習や能力開発の分野でも変革が必要とされた。たいていの企業はすでに、従業員向けにオンデマンドの学習コースを設けている。これは明確なニーズを持つ人材にとっては有益だが、学生に図書館の鍵を渡して「どのような知識を得るべきかを探り、その分野を学びなさい」と伝えるのに似ている。最近では、データ分析に基づいて具体的な職務や昇進に必要なスキルを特定し、当人の経験や興味関心を踏まえて、どういった研修や職種が適しているかを各人に提示している。

IBMはAI（人工知能）を使ってこのような助言を行っている。参考にするのは本人のプロフィール、すなわち現在と過去の職務、予想されるキャリアパス、これまでに完了した研修コースである。アジャイル環境に対応する特別研修も開発した。たとえば、いくつもの「ペルソナ」（具体的なユーザー像）を使った動画アニメーションを通して、役立つ行動（例：建設的な批判をする）を紹介している。

学習と能力開発は従来、後継者育成を含む。これはトップダウンによる長期的な発想の典型である。要職を担うべき人材に何年も前に目星をつけて、必要な時期までに特定の能力を伸ばすよう期待するのだ。しかし往々にして、物事はこの種の計画通りには運ばない。上級リーダーのポストが空く頃には、必要とされる要件が変化している例がままあるのだ。

対策として最も多いのは、計画を白紙にして一から後継者を探すというものだ。それでもなお、長期の後継プランを立案する例は少なくない（大企業のおよそ半数は経営幹部の後継者育成プランを持っている）。ペプシは時間軸を短縮するという単純なやり方により、従来の手法との決別を図っている。通常の1年ごとではなく半年ごとに後継者候補の育成状況を簡潔に報告し、後継指名は交代時期が近づいてから初めて実施するのである。

## 現状の課題

たしかに、すべての組織や集団が急速なイノベーションを追求しているわけではない。一部の業務は従来通りルール重視で進めなくてはならず（会計士、原子炉制御室のオペレーター、外科医の仕事を考えるとよい）、そのような業務分野ではアジャイル人事は意味を成さない可能性がある。

たとえ業務に適している場合でも、アジャイル人事は反発に遭いかねず、特に懸念されるのが人事部内での反発である。計画に基づく「ウォーターフォール手法」（順応性の高い臨機応変な手法ではなく、あらかじめ決まった工程を踏む手法）と決別するには、多数の業務プロセスを変更しなくてはならず、それら業務の一部は情報システムや職名などと密接に関連している。ITのクラウドベース化という独立事象により、アプリベースのツールを導入しやすくなったが、それでも、人事関連の課題は依然として手強い。人材の募集と選抜、新人研修、人事プログラムの調整など、人事業務の多くは廃れ、この分野のスキルも時代遅れになっていくだろう。

その一方で新しい業務も生まれている。判断に代えてコーチングを行うよう、スーパーバイザーを後押しするのは、一筋縄ではいかない仕事である。スキル面の課題があるだけでなく、彼らの地位や正式な権限を弱めることにもなるからだ。マネジメントの重点対象を個人からチームへと切り換えるのは、いっそう難しいだろう。なぜなら、個人のコーチングにいまなお苦慮する人々にとって、チーム力学は雲をつかむようなものかもしれないからである。これらの任務すべてを引き受けてそこに価値を見出すよう、会社がマネジャーを支援できるかどうかは、大問題である。

人事部は新たなスキルも身につけなくてはならない。ITサポート分野の専門性を強化するほか（この裏には特に、新しいアプリから膨大な業績データが得られるという大きな事情もある）、ハンズオン型管理やチームに関して知見を深める必要がある。ライン業務と比べると、それを支える人事業務は過

## 図表4｜人事部門はテクノロジー業界から何を学べるか

テクノロジー業界におけるアジャイル手法の先駆者たちは、この手法の大規模な展開において、他に何年も先行している。マネジャーや人事部のリーダーがアジャイル人事手法の全社導入に取り組む際には、誰が助言者として適しているだろうか。さまざまな国や業界の何千人ものソフトウェア開発者を対象とした最近のアンケート調査から、アジャイル手法を拡大するうえでの最大の障害や、それを乗り越える方法が浮かび上がった。

### アジャイル手法を拡大するうえでの最大の障害

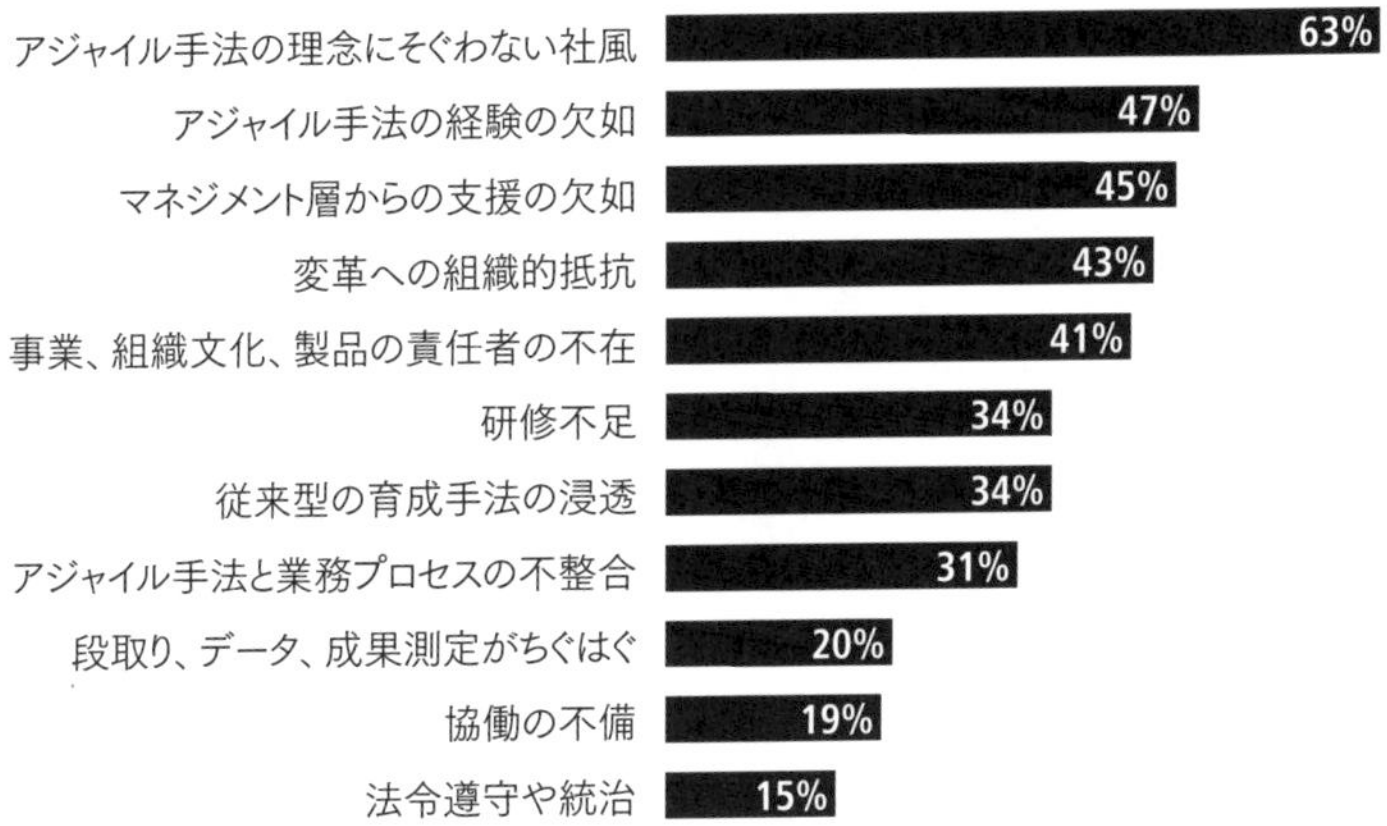


### 成功に必要な要素

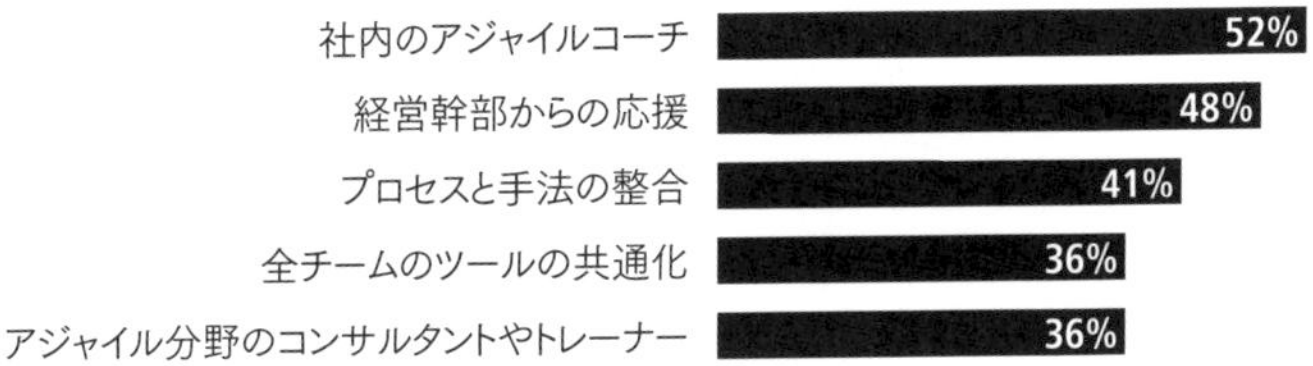


注記：このアンケートでは複数の項目が選択可能であった。

出所：バージョンワンによるアジャイルの現状調査（2016年）

去数十年間、さほど大きな変革を迫られなかった。しかし、いまでは変革への圧力は強まっている。しかもそれは業務運営上の要請であるため、従来の人事慣行に固執するのは非常に難しい。

## インテュイットのアジャイル化はなぜ挫折しかけたか

インテュイットの金融サービス事業部は、2009年にアジャイル化に着手したが、それが全社の標準的な業務手法として定着したのは4年後だった。

なぜそれほど長い期間を要したのだろうか。リーダー層は、最も馴染み深い「ウォーターフォール」手法を用いてマネジメントの変革に乗り出したのだが、これは機能しなかった。中間管理者層による支援が足りず、変革推進チームへの関与が片手間になり、総務管理系のリソースが乏しく、計画策定がなかなか完了しないなどの要因が重なり、本格展開が大幅にずれ込んだのである。

アジャイル手法の全社展開に弾みがつく前に、変革推進チームみずからがアジャイル化して変革をマネジメントする目的で、アジャイル手法を取り入れる必要があった。インテュイットの戦略的変革リーダーの一人、ジョウマナ・ユセフは当時を振り返り、変革の方針転換と加速につながった貴重な発見をいくつも挙げている。

●初期採用者《アーリーアダプター》に焦点を合わせ、否定的な考えを持つ人々の説得に無駄に時間を使うのを避ける。
●3S〈小さい〈small〉、安定している〈stable〉、自主管理型〈self-managed〉〉を特徴とするチームをつくり、当事者意識を植え付け、責任を持って関与させる。

●全階層のリーダーを対象に、アジャイル手法の短期研修を行う。

●現場管理者や中間管理者は、部下の監督よりもコーチングや支援を主に行う「サーバントリーダシップ」にすぐには慣れないため、彼らを変えるのは容易ではないと覚悟しておく。

●諦めずに続ける。アジャイル流の変革はウォーターフォール型手法よりも短期間で済むが、組織の発想や考え方を変えるには粘り強さが求められる。

第5章

# ピープルアナリティクスで人事戦略が変わる

カリフォルニア大学サンタバーバラ校 教授
**ポール・レオナルディ**
ノースウェスタン大学 教授
**ノシャー・コントラクター**

“Better People Analytics”
*Harvard Business Review*, November-December 2018.
邦訳「ピープルアナリティクスで人事戦略が変わる」
『DIAMONDハーバード・ビジネス・レビュー』2019年6月号

**Paul Leonardi**
カリフォルニア大学サンタバーバラ校の教授で、専門はテクノロジーマネジメントである。ソーシャルネットワークのデータや新規テクノロジーを、業績改善や社員福利の向上に活かす方法を、企業に助言している。ツイッターは@pleonardi1。

**Noshir Contractor**
ノースウェスタン大学の教授で専門は行動科学。同大学の研究グループであるサイエンス・オブ・ネットワークス・イン・コミュニティーズを率いる。ツイッターは@ noshir。

## 社員間のデータを活かす

「こちらには裏付けになるチャートもある、グラフもある。じゃまをするな」

数年前、グーグルのピープルアナリティクス部門に新たに採用された人たちに、このようなノートPC用ステッカーが配られるようになった。おそらく、同部門の業務を正当化する必要性に迫られての策だったのだろう。当時はまだ、ピープルアナリティクス（社員データから抽出した統計学的な知見を用いて、人材管理の意思決定を行うこと）は挑戦的なアイデアであり、会社の前に人間が単なる数字に成り下がるのではないかと危惧する懐疑派が多かった。人事部はもともと社員のデータを集めてきたが、それを積極的に掘り下げて社員の理解と管理に役立てるという考え方が斬新であり、疑念を呼んだのである。

だが、もうステッカーは必要ない。いまや70％以上の企業が、ピープルアナリティクスの優先度は高いと考えている。それどころか、この領域では特筆すべきケーススタディも生まれている。たとえばグーグルの「プロジェクト・オキシジェン」は、巨大ハイテク企業である同社の最も優秀なマネジャーらが実践する手法を明らかにし、それらが成績不振者の仕事を改善するコーチングセッションに反映された。ほかにも、営業チームの成功率の向上という結果を残したデルの実験なども、ピープルアナリティクスの威力を示すものだ。

しかし、大げさな宣伝はとかく現実と乖離しがちである。ピープルアナリティクスのこの10年間の進歩は、実際には微々たるものだ。タタ・コンサルタンシー・サービシズの調査によれば、ビッグデータ投資のうち、ピープルアナリティクスの典型的な担当部門である人事部に向けられるのは、わずか5％である。またデロイトの最近の研究によると、ピープルアナリティクスが主流になってはいるものの、組織のパフォーマンス向上につながる人材特性を十分に把握できていると考える企業は、わずか9％だった。

これはいったいどういうことだろうか。もしピープルアナリティクスの担当チームに、例のステッカーが主張するような裏付けのチャートやグラフがあるならば、なぜ結果が伴わないのだろうか。筆者たちが考えるに、その原因は、ほとんどの企業がデータアナリティクスの狭義のアプローチに終始していることにある。つまり個々の社員に関するデータしか使っておらず、それと同等、あるいはそれ以上に重要な、社員間の相互作用に関するデータに目を向けていないのだ。

筆者たちがリレーショナルアナリティクス（関係性分析）と呼ぶ新たな領域では、人と人の相互作用に焦点を置く。これを企業のピープルアナリティクス戦略に組み込むことで、優れたイノベーション、影響力、効率性という面から、企業の目標達成に貢献できる人材を発見しやすくなる。また、自社になくてはならない重要な人物や、組織内に存在するサイロについても知見を得られる。

幸いなことに、リレーショナルアナリティクスの材料はすでに社内に存在する。それはメールの送受信、チャット、ファイルの転送といった行動から生じるデータ、すなわち企業のデジタル排出物である。これらを掘り下げることで、企業はリレーショナルアナリティクスの適切なモデルを構築できる。

本稿では、リレーショナルアナリティクスの理解と応用のためのフレームワークを提示する。筆者たちには、裏付けとなるチャートとグラフもある。

## リレーショナルアナリティクス：より詳しい定義

従来のピープルアナリティクスが注目してきたのは主に社員の属性データであり、それらは2種類に分けられる。

●特性：民族性、ジェンダー、過去の業績など、その個人に関する不変の情報。
●状態：年齢、学歴、在職年数、賞与支給額、通勤距離、欠勤日数など、その個人に関する可変の情報。

この2種類のデータは、グループの特徴である民族構成、ジェンダーの多様性、平均報酬額などを判断するために、しばしば収集される。

属性の分析は必要だが、それだけでは不十分だ。集めた属性データには複数の人間の情報が含まれるため、リレーショナルデータ（すなわち関係性を表すデータ）のように思えるかもしれないが、そうではない。リレーショナルデータがとらえるのは、たとえば異なる部署の社員間で行われた一日のコミュニケーションなどの情報である。要するに、リレーショナルアナリティクスは人々の社会的なネットワークに関する科学である。

個々の社員の属性と合わせて、社員間の関係が、職場のパフォーマンスを測る根拠になるということは、数十年来の研究が説得力を持って明らかにしている。ここでのポイントは「構造的特徴」を見つけることである。つまり、何らかの良い（または悪い）パフォーマンスと関連するパターンを、データの中から探り出すことが重要だ。あたかも神経学者が脳の神経ネットワークを調べて、双極性障害や統合失調症の予兆となる構造的特徴を見つけ出したり、化学者が液体の構造的特徴に注目して、速度論的脆弱性を予測したりするのと同じように、組織のリーダーは社内の社会的ネットワークの構造的特徴に注目することで、個々の社員、チーム、あるいは組織全体の創造性や有効性といったもののレベルを予測できるのだ。

## リレーショナルアナリティクスの土台となる6つの特徴

筆者たちは独自調査や企業に対するコンサルティング業務、他の研究者らの膨大な調査結果に基づいて、すべてのリレーショナルアナリティクス戦略の基本となるべき6つの構造的特徴を特定した。

それでは一つずつ見ていこう。

## ❶発想力

発想力の優れた人材を探す時、大半の企業は、学歴、経験、性格、生まれ持った知性といった属性を調査する。こうしたデータは重要だが、その人が情報を得られる人脈の広さや情報源の多様性（おそらく、どちらも属性より重要な条件である）を知る手がかりにはならない。

優れたアイデアを生み出す人はしばしば、あるチームの情報と別のチームの情報を統合して、新しい商品コンセプトを構築する。あるいは、ある事業部の生み出したソリューションを別の事業部の問題解決に役立てる。言い方を変えれば、彼らはネットワークの中で仲介者のポジションにいる。

社会学者のロナルド・バートは、ある人物が仲介者のポジションにいるかどうかを測定する方法を考案した。この測定基準は制約《コンストレイント》と呼ばれ、その人がある特定の情報を入手する時に、どの程度の制限があるかを明らかにする。銀行員、弁護士、アナリスト、エンジニア、ソフトウェア開発者など、多様な集団を対象に何度となく行われた研究の結果、狭くて密な人間関係のネットワークに縛られていない制約の少ない社員は、経営陣が斬新で有効だと認めるアイデアを生み出す可能性が高いことがわかった。

バートはある研究で、米国のある大手電子機器メーカーの上級幹部らが、600人以上のサプライチェーンマネジャーの中から、効率改善のアイデアを生み出す可能性が最も高い者を、リレーショナルアナリティクスを用いて特定する経緯を追跡した。上級幹部らは調査を通して、マネジャーたちからアイデアを募ると同時に、彼らのネットワークに関する情報も集めた。そして提出されたアイデアの一つひとつについて、斬新さと潜在的価値をスコアで評価した。

各種の属性の中で、価値あるアイデアを生み出す人材かどうかを予測するための間接的な指標になり

図表**5-1**｜**発想力の特徴**

フォーカス…………▶個人
予測できること……▶よいアイデアを思い付くのはどの社員か

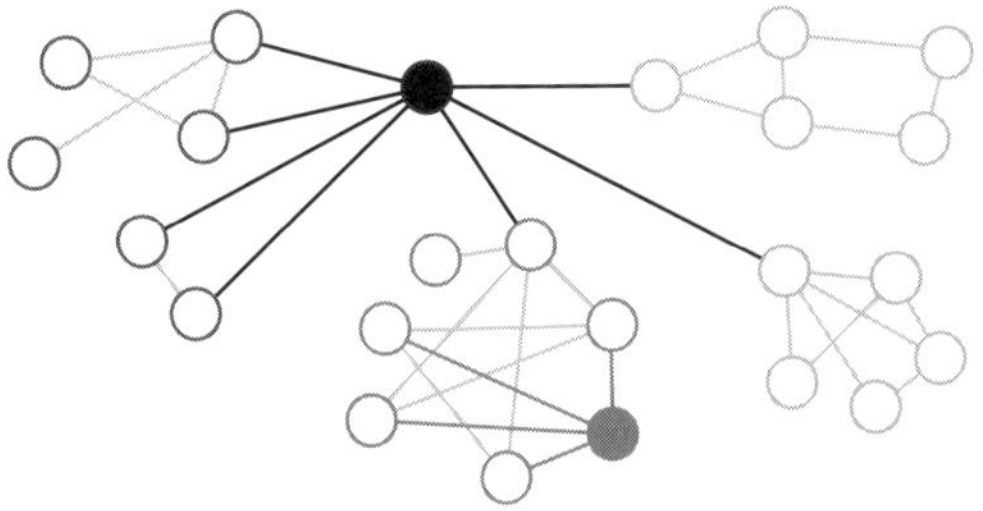

黒色のポジションの人物は制約が少ない。この人物は、自分自身のネットワーク以外に、いくつかのネットワークの人々とコミュニケーションを取っている。そのため、優れたアイデアにつながる斬新な情報を得られる可能性が高い。グレーのポジションの人物は自身のネットワークの内部でしかコミュニケーションを取っていないため、たとえその人物に創造力があっても、アイデアを生み出せる可能性は低い。

えたのは、同社での勤続年数という属性だけだった。そして、その相関も強くはなかった。それよりも制約の少なさのほうが、指標としてはるかに強力だった。人間関係のネットワークに関して、この特徴を示したサプライチェーンマネジャーは、制約の多いマネジャーに比べて、優れたアイデアを生み出す確率が格段に高かったのである。

ある大手ソフトウェア開発会社でレオナルディが実施した研究も、この発見を支持するものである。この会社のR&D部門の状況は、まるで「洞窟暮らしの原始時代」だった。同部門では100人以上のエンジニアが働いていたが、各エンジニアが話す相手は平均たったの5人だった。そしてその5人も、多くの場合にはその同じ仲間内でしか話していなかった。よその「洞窟」

の住人との接触は限られていた。

このような制約の多いネットワークは、特に専門性の高い仕事をする組織では、ありふれたものである。しかしだからといって、制約の少ない個人がこの中に隠れていないわけではない。このソフトウェア開発会社でリレーショナルアナリティクスを実行したところ、実際に複数のネットワークを持っているエンジニアを何人か特定できた。そこで経営陣は、彼らが自然にやりたいと思うことを実践するよう奨励する計画を立てた。すると間もなく、彼らが提案する商品改善のアイデアが、量的にも質的にも大いに増加したのである。

## ❷影響力

よいアイデアを出しても、それが利用される保証はない。同様に、上層部が変革の指令を出しただけでは、社員がそれを実践するとは限らない。アイデアが実行されるためには影響力が必要である。

しかし影響力は、我々が想定するようには働かない。調査によると、社員がプラスにせよマイナスにせよ最も影響を受ける相手は、経営陣ではない。それほど正式ではない役割を果たす人のほうが、彼らを大きく動かすのである。もしそれが事実なら、上層部はその人気のある社員を見つけ出して説得し、新たな計画に参加するよう、みんなに働きかけてもらえばよいと思うだろう。ところがそうではない。

レオナルディが携わったある大手医療機器メーカーは、新たにコンプライアンスポリシーを導入する時に、このアプローチを試した。変革管理チームは、新しいポリシーに対するプラスのイメージが拡大するのを期待して、最も多くの社員から影響力があると見なされている人物を選び出し、ポリシーのメ

図表**5-2** | **影響力の特徴**

フォーカス…………▶個人
予測できること……▶他者の行動を変化させられるのはどの社員か

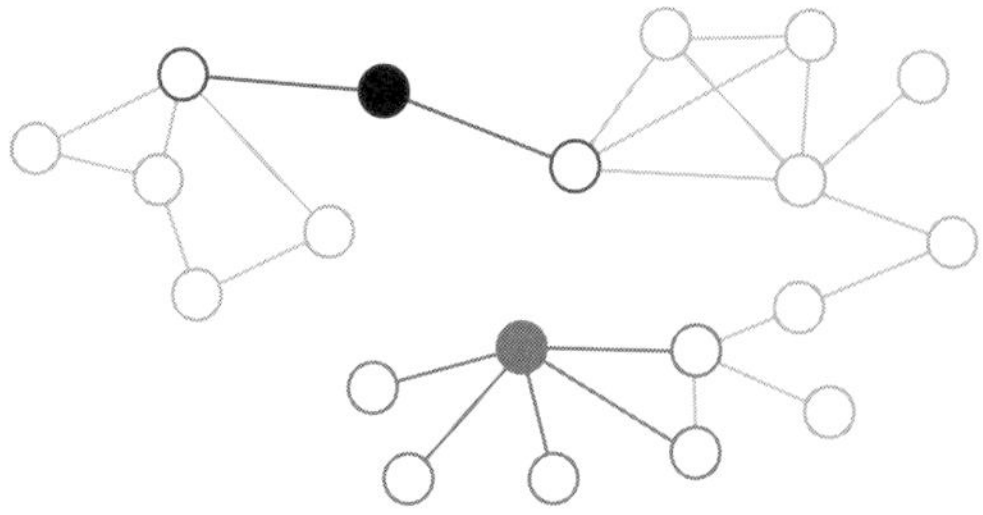

黒色のポジションの人物は2人としかつながっていないが、グレーのポジションの人物よりも影響力は大きい。なぜなら、黒色の人物のコネクションのほうが、つながりが強いからである。この人物は、より強い集合的傑出性を示している。グレーの人物のほうが、アイデアの拡散速度は速いかもしれないが、より影響力のあるコネクションを持つ黒色の人物のほうが、より遠くまでアイデアを広げることができる。

リットを伝えた。しかし6カ月が経過しても、社員たちは新たな手順を遵守していなかった。

いったいなぜだろうか。リレーショナルアナリティクスが導き出す意外な知見が、その説明になる。それは、最も多くの同僚から影響力がある人だと評価される人物が、実際に最も影響力のある人物とは限らないということである。最も強力なインフルエンサーは、たとえそれが少人数でも他者との間に強力なつながりを持つ。それに加えて、その強力な結び付きを通して自身のコネクションと他者のコネクションを強力に結び付ける。このような場合、インフルエンサーのアイデアは、より遠くまで広がる力を持つのである。

影響力の構造的特徴は集合的傑出性(aggregate prominence)と呼ばれ、ある人物のコネクションのつながり具合や、そのコネクションの先のコネクションのつながり具合を測定することで算定できる（検索エンジンが検索結果に序列をつける時も、同じようなロジックが使われている）。

その医療機器メーカーは9つの事業部でリレーショナルアナリティクスを行い、集合的傑出性のスコアが最も高い人物を5人ずつ選び出した。そして彼らに新しいポリシーに対する意見を求めた。その結果、彼らの約4分の3がポリシーを好意的にとらえていた。同社は彼ら（ポリシーに否定的だった者も含む）に、変化に対する不安を軽減することにつながる情報を伝えた。そして、結果を待つことにした。

6カ月後、これら9つの事業部では社員の75％以上が新しいコンプライアンスポリシーを受け入れた。それとは対照的に、ポリシーの適用対象だがリレーショナルアナリティクスを行わなかった残りの7事業部では、15％しかポリシーを受け入れなかった。

## ❸効率性

効率的に業務を遂行できるチームをつくるための人員配置は、簡単にできるはずだと思うかもしれない。最も関連性の高いスキルを持つ人材を指名すればよいからだ。

スキルを持つ人材を特定するなら属性分析が有効である。しかしそれだけでは、スケジュール通りに仕事が完了する保証はない。そこで、チーム内の化学反応や外部から情報、専門知識を入手する力を測るためのリレーショナルアナリティクスが必要なのである。

米国の大手受託R＆D企業の1500以上のプロジェクトチームを分析した、レイ・リーガンズ、エズラ・ザッカーマン、ビル・マケビリーの研究を見てみよう。この研究者らは、多様な情報、見解、リ

図表5-3｜効率性の特徴

フォーカス…………▶チーム
予測できること……▶スケジュール通りにプロジェクトを完了できるのはどのチームか

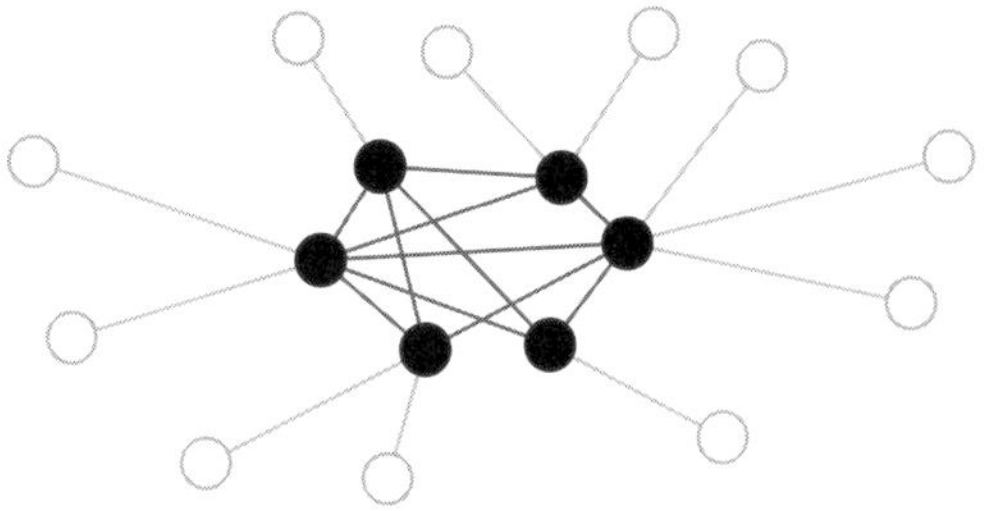

黒色のチームメンバーは互いに密接につながり合っており、内部密度が高いことがわかる。このことは共同作業に適していることを示唆する。また各メンバーの外部とのコネクションが重複していないことから、このチームは外部範囲が広く、外部の有益なリソースを獲得しやすい。

ソースを活用できる能力がチームのパフォーマンスを向上させるという仮説に基づき、人口統計学的な多様性がチームの成果に与える影響と、チームメンバーの社会的ネットワークが与える影響を比較した。その際、この企業の多様性を測る実質的な変数が、勤続年数と機能の2つしかないという課題があった（人種、ジェンダー、学歴など他の変数は機能に包含される）。それにもかかわらず、この2つの項目の多様性はパフォーマンスにほとんど影響を与えないという結果が出た。

しかしリレーショナルデータを使ってみると、より有用な知見が得られた。研究者らは、良好なパフォーマンスと関連する社会的ネットワークの変数を2つ突き止めた。1つ目は内部密度で、これはチームメンバー間の相互作用の量と相互関連性の強さを示す。信頼関係の構築、リスクテイク、重要な問題に関する合意形成を行うためには、内部密度の高さが非常に重要である。

そして2つ目は、チームメンバーの人間関係の外部範囲である。外部範囲が広いチームでは、各メンバーがそれぞれ独自の人脈を活かしてチーム外の専門家にアプローチできる。これにより、そのチームは必要不可欠な情報を入手し、締め切りを守るために必要なリソースを確保できる。したがって、効率的なチームの構造的特徴は、内部密度の高さと外部範囲の広さである。

この受託R&D企業の場合、この特徴を備えたチームは、そうではないチームよりもはるかに迅速にプロジェクトを完了していた。研究者の推計によると、仮に同社のプロジェクトチームの30％で、内部密度と外部範囲が中央値を1標準偏差だけ上回っていれば、17日間で2200人時（新たに200件近くのプロジェクトを完了できる工数に相当）を削減できた可能性があった。

### ❹イノベーション

効率性の特徴を持つチームは、意見の相違や対立を糧にするイノベーション集団としては、失敗する可能性が最も高いかもしれない。

では、イノベーターのチームを成功に導く要素とは何だろうか。最高のパフォーマンスを発揮している社員を集めれば、最高の結果が出ると思うかもしれないが、調査によると、かえってパフォーマンスに悪影響を与える可能性がある。また従来の常識では、多様な視点を持つメンバーを集めることで、よりクリエイティブなチームができると考えられてきた。しかしこれについても、人口統計学的な多様性に基づいてチームのイノベーションの成功を予見するのは、適切ではないという調査結果が出ている。

## 図表5-4｜イノベーションの特徴

フォーカス…………▶チーム
予測できること……▶有効なイノベーションを生み出せるのはどのチームか

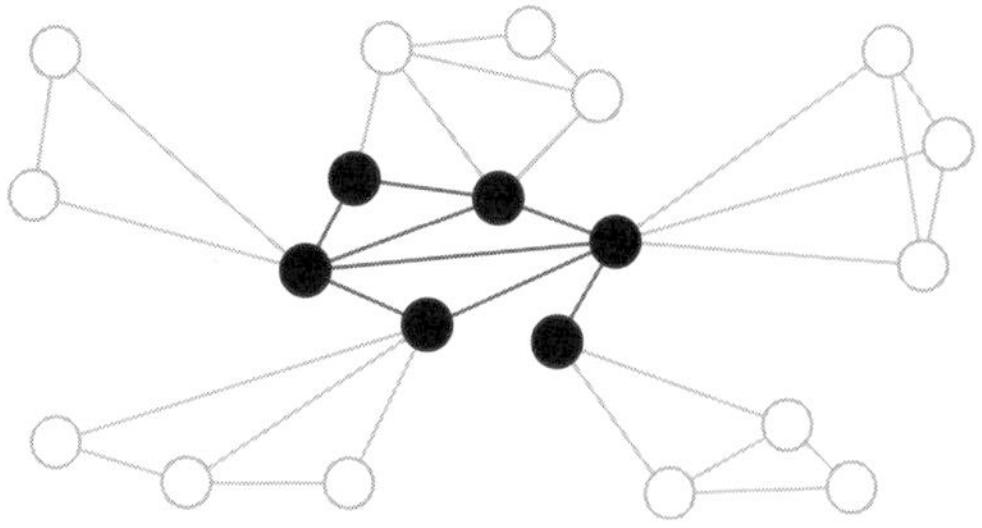

黒色のチームメンバーはあまり密接につながり合っておらず、このチームの内部密度は低い。このことは、各メンバーが異なる見解を持ち、より生産的な討論ができることを示唆する。また、このチームのメンバーは外部範囲の広さ、つまり広く多様なコネクションを持っており、イノベーションに対する支持の得やすさにつながると考えられる。

筆者たちの経験上、発想力のある人材を集めたイノベーションチームでも、平凡な成果しか上げられないことは珍しくない。

しかしリレーショナルアナリティクスを使うと、効率的なチームの編成に用いるのと同じ変数（内部密度と外部範囲）を用いて、有望なイノベーションチームをつくることができる。ただし変数の適用方法は若干異なる。イノベーションチームの特徴は、外部範囲の広さと内部密度の低さである。つまり、多様なアイデアや情報を入手するという点で、チームメンバーが他のメンバーと重複しない広い社会的ネットワーク（できれば影響力のあるネットワーク）を持っていることが望ましいのは同じである。しかし緊密に結び付いたチームは望ましくないのである。

それはなぜだろうか。チーム内の相互作用が多いと、考え方が似通ってきて対立が少なくなる。これは効率性という意味ではプラスだが、イノベーションという意味ではそうではない。最もイノベーティブなチームには、ブレークスルーに達するために必要な創造的摩擦を生じさせる、意見の相違と議論、時には衝突が付き物なのだ。

外部範囲の広さは、アイデアを取り込むためだけでなく、支援や支持の獲得という意味でも必要だ。イノベーションチームはアイデアに資金をつけ、発展させ、売り込まなければならない。したがって、チームを支持してくれる外部の人々と確固とした関係を築いていることが、チームの成功を大きく左右しうるのである。

レオナルディは数年にわたり、製品プロセスの改善を目指す米国拠点の大手自動車会社に携わった。同社が各国に設けたグローバル製品開発センターには、それぞれ、この課題に特化した専門家チームが置かれていた。このプログラムのリーダーは「私たちは非常に慎重に人選をしています。機能面で適切なバックグラウンドを持ち、常にイノベーティブな仕事をしている者を選びます。そしてバックグラウンドや年齢の多様性を確保するようにしています」と話した。つまり、これらのセンターは属性分析を用いてチームを編成していたということだ。

しかし、インドに新設されたセンターのマネジャーは、人口統計学的な多様性を持つチームを編成できなかった。同センターのエンジニアたちはだいたい同じ年代で、バックグラウンドや職位も似通っていたのだ。そこでマネジャーは、別の拠点とのプロジェクトに参加したり、センター内の複数のエリアで勤務したりした経験のあるエンジニアを選抜した。こうして生まれたチームは必然的に広い外部範囲を持っていた。

そして図らずも、このようなチームは内部密度も低かった。メンバーたちは遠慮なく議論を戦わせ、意見の隔たりを埋めるためのテストを行った。そして新しい方法が見つかると、それぞれのコネクションを活かし、彼らの仕事の正当性をみんなに広めてくれるインフルエンサーとして外部の人々を活用した。

それからの3年間でインドのチームが生み出したプロセスイノベーションは、他のどのセンターよりも多かった。5年後までに生み出したイノベーションは、他の全センターのイノベーションを合わせた数の2倍近くになった。同社はこれを受けて、他の拠点のイノベーションチームを再構成するために、属性分析を補完するものとして、リレーショナルアナリティクスを利用するようになった。

### ❺サイロ（タコつぼ）

サイロは誰もが嫌うが、サイロが発生するのは自然なことであり、避けようがない。組織が専門知識を深く追求するにつれて、機能、部門、事業部間の共同作業が困難になっていくのは、ほとんど必然である。互いに話す技術用語も違えば、目標も違うのだ。

筆者たちは、モジュール性の測定によって組織のサイロ化のレベルを評価している。ごく単純に言うと、モジュール性とは、グループの内部のコミュニケーションと外部とのコミュニケーションの比率である。内と外の比率が5対1より大きい場合、そのグループは有害なレベルでサイロ化している。

筆者たちが目撃した中でも衝撃的なほどにサイロ化していた組織の一つが、ウェブサイトの訪問者数の減少理由を突き止めようとしていた、ある小さな消費者擁護の非営利団体だ。この団体のシカゴオフ

図表5-5｜**サイロの特徴**

フォーカス…………▶組織
予測できること……▶その組織がサイロ化しているか否か

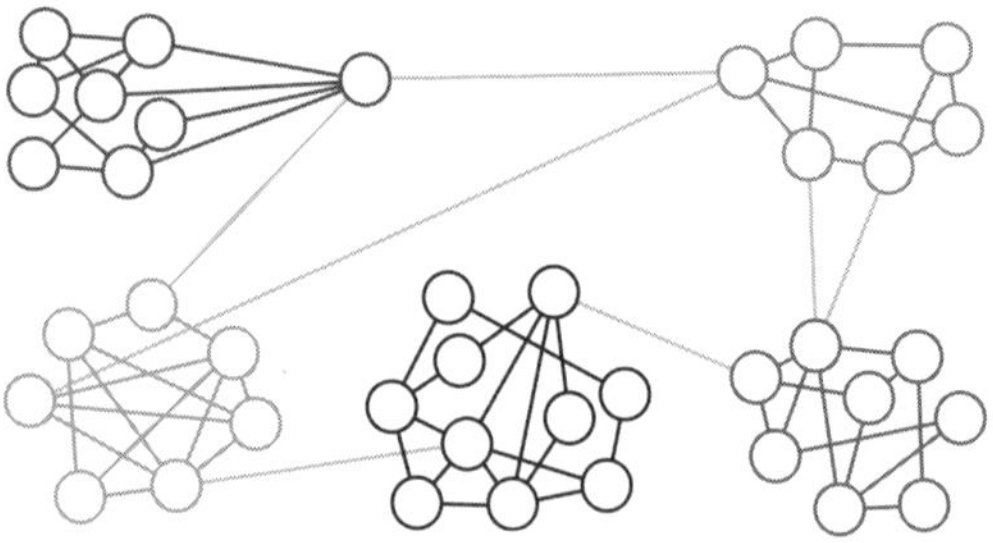

各色は異なる部門を表す。部門内では社員が密接につながり合っているが、どの部門にも、他部門の社員とつながっている者は1人か2人しかいない。どの部門もモジュール性（外部とのコミュニケーションに対する内部のコミュニケーションの比率）が高い。

ィスの60人のスタッフは、事業開発、運営、マーケティング・広報、経理の4部門に分かれて勤務していた。サイロ化した組織の典型として、各部門の現状認識はばらばらだった。

各部門を分析したところ、4部門とも内外のコミュニケーションの比率が5対1を上回っていた。なかでも極端だったのが運営部門で、比率は13対1だった。言うまでもなく、運営部門は、同団体のウェブサイトを訪問する消費者の動向を最もよく知る部門である。企業に対する不満や称賛を報告したい消費者が、いつどのような理由で同団体のウェブサイトを訪問するかという貴重な情報を、運営部門は内部にため込んでいた。

他の部門は運営部門がそうしたデータを集めていることさえ知らなかった。そして運営部門は、他部門にとってそのデータが有益かもしれないことを理解していなかった。

この問題を解決するため、同団体はそれぞれの部門の特定のスタッフに、連絡係になるよう依頼した。週に一度のミーティングに全部門のマネジャーが集まり、各自の業務について話し合った。ミーティングには毎回テーマを設定し、そのテーマに関連する業務に携わる職位の低いスタッフも議論に参加させた。

要するにこの非営利団体は、スタッフの外部範囲を広げるように工夫したのである。その結果、運営部門は、ある業界に対する不満の増加と天候パターンや季節を関連付けるデータを、マーケティング・広報部門が活用できる可能性があると理解した。このような情報に価値があるかもしれないことを学んだ運営部門のスタッフたちは、データを新しい方法で分析するようになった。

### ❻脆弱性

組織のある部分から他の部分へと、情報や知見の移動を促進する人たちが存在するのは組織の健全な姿である。しかしこのような人々に頼りすぎると、企業が脆弱になる可能性がある。

世界有数の消費財メーカーで、パッケージング部門のマネジャーを務めていたある人物——ここではアルビンドと呼ぶ——の例を見てみよう。彼はいくつかの事業部との橋渡し役となり、社内の他のマネジャーや世界中のサプライヤーと日常的に連絡を取っていた。しかし組織図上、アルビンドは取り立てて目立つ存在ではなく、職務をきちんとこなす中間管理職の一人にすぎなかった。企業はアルビンドのような社員を失うリスクを抱えている。彼らの重要性を明確に示す属性データがないため、いなくなって初めて彼らの力に気づくのだ。

図表5-6｜脆弱性の特徴

フォーカス…………▶組織
予測できること……▶組織が失ってならないのはどの社員か

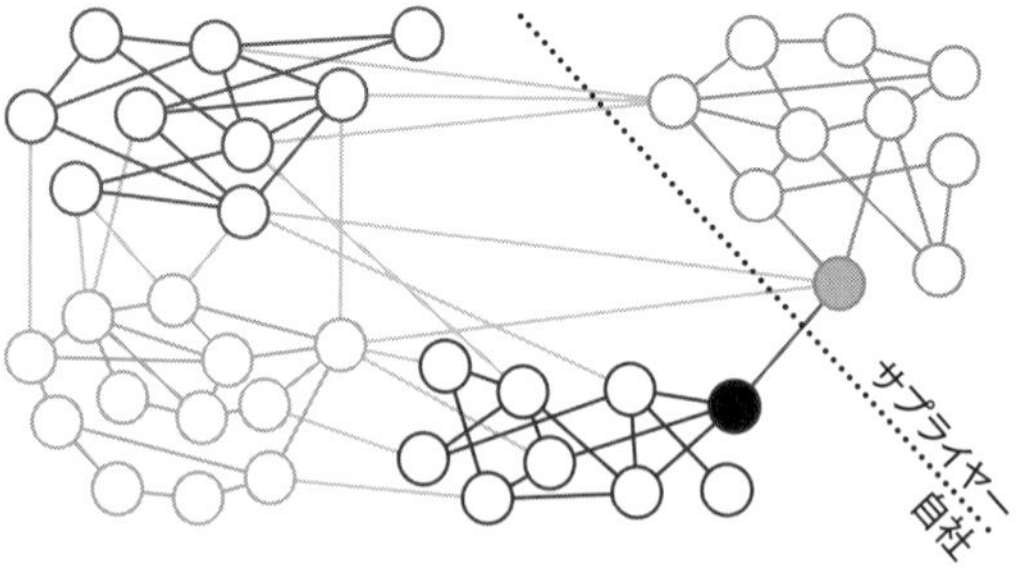


この外部のサプライヤーは、自社の各部門にとって非常に重要である。自社内にはこのサプライヤーと接点を持つ者が6人いるが、この関係に依存する者は30人いる。このことにより、この会社はリスクにさらされている。もしある部門の唯一の接点である黒色の人物がいなくなれば、同部門とこのサプライヤーの関係は絶たれてしまう。この黒色の人物は、その重要性に匹敵する肩書きを持たないかもしれないが、情報の流れを維持するために不可欠な存在である。

アルビンドがいなければ、パッケージング部門は堅牢性を失っただろう。ノード（節）、つまり社員を取り除いてもつながりが失われないネットワークは堅牢である。しかし同社の場合、もしアルビンドが去れば、いくつかの部門で他部門やサプライヤーとの結び付きが完全に絶たれてしまう可能性があった。

ここでの問題は、アルビンドがかけがえのない存在だったということではなく、アルビンドを補う者がいなかったということだ。同社は、彼が結び付けていた重要なネットワークを維持できるノードがほかに一つもないことに気づいていなかったのだ。このことは同社を脆弱にした。もしアルビンドが病気や休暇で不在にすれば、業務が停滞する。もし彼がサプライヤーの一社を気に入らず、その企業との連絡を断てば、業務は停滞する。また、彼に仕事が集中して、たくさんのコネクションを維持できなくなれば、それもまた業務の停滞につながった。

コントラクターが、パッケージ部門の脆弱性を指摘するために同社を訪問した日のことだった。役員室に通されると、そこにはケーキや菓子がたくさん用意されていた。上級幹部の一人が楽しげに、アルビンドのためのパーティだと教えてくれた。アルビンドが間もなく引退するというのだ。コントラクターは愕然とした。パーティは続けられたが、アルビンドの重要性を知った同社は、彼と交渉してあと数年間同社で働くという契約をまとめた。それと同時に、今後彼の役割を複数人で担っていけるように、リレーショナルアナリティクスを用いて後継者育成計画を練った。

## 自社のデジタル排出物を活用する

リレーショナルアナリティクスの土台となる6つの構造的特徴を理解したら、そこから得られる知見に基づいて行動することは、比較的簡単だ。多くの場合、導き出される施策は難しいものではない。機能横断的なミーティングを行う、影響力のある人材の力を発揮させる、アルビンドのような人材を手放さないということだ。

それではなぜ、パフォーマンス管理にリレーショナルアナリティクスを利用しない企業が大半なのだろうか。その理由は2つある。1つ目は、企業が行うネットワーク分析の多くが、ノードとエッジ（枝）

のきれいな図を書くことに終始している点である。これではパフォーマンスを予測するためのパターンは見つからない。

2つ目は、リレーショナルデータを取得するための情報システムを備えていない組織がほとんどだという点である。しかしどの企業にも必ず、隠れた重要なリソースは存在する。それはデジタル排出物、すなわち日々のデジタルな活動から生み出されるログ、電子的な痕跡、コンテンツなどである。社員が互いにアウトルックでメールを送信する、スラックで互いにメッセージを送る、フェイスブックのワークプレイスで「いいね！」を送る、マイクロソフトのチームズでチームを結成する、トレロでプロジェクトのマイルストーンに担当者を割り当てるといった相互作用が生じるたびに、各プラットフォームに記録が残る。この情報に基づいて、社員、チーム、組織のネットワークを図示し、本稿で解説した構造的特徴を見つけ出せる。

筆者たちは数年をかけて、こうした多様なプラットフォームからリアルタイムでデジタル排出物を取得するダッシュボードを開発してきた。そしてリレーショナルアナリティクスを用いて、マネジャーらが任務に適した社員を見つけたり、効率あるいはイノベーションを重視するチームを編成したり、組織内でサイロ化や離職者に対する脆弱性が存在する部分を発見したりすることを支援してきた。その過程で筆者たちが学んだことをいくつか紹介する。

## 受動的収集のほうが社員の負担が少ない

企業がリレーショナルデータを集める時の典型的な手法は、社員を調査して相互作用の相手を問うことである。しかし調査には時間がかかるし、回答の精度もばらつく可能性がある（推測で答える社員もいる）。また、真の有効性を求めるには、社内の一部ではなく全員のリレーショナルデータを集めなければならない。

ある大手金融サービス会社の幹部は筆者たちに、「1万5000人の社員全員に所要時間30分の調査をやらせたら、100万ドル分の生産性を失います。それに、社員の人間関係が1カ月後に変化していたらどうするんですか。また100万ドル分の工数を費やして再調査しなければならないのでしょうか」と訴えた。

ただし企業がリレーショナルデータを集めると、別の問題が発生する。ほとんどの社員は社内システム上で行われた活動を企業が記録・監視する権利を認めるが、なかには、リレーショナルデータの受動的収集をプライバシーの侵害だと感じる社員もいる。これは些細な問題だと片づけるわけにはいかない。企業はデジタル排出物の収集と分析に関する明確な人事ポリシーを設けて、社員の理解を促し、安心できるようにする必要がある（**章末**「社員のプライバシーはどうするか」を参照）。

**行動データのほうが現実を的確に反映する**

すでに指摘したように、デジタル排出物は調査で集めるデータよりも偏りが少ない。調査に回答する方法だと、たとえば実際にやり取りをしている相手ではなく、やり取りをすべきだと思う相手を挙げる者がいるかもしれない。これに対しデジタル排出物を集める場合は、どの社員も必ずいくつかのコミュニケーションプラットフォームを使っていることから、社員全体を網羅するネットワークをマッピングでき、より正確な分析が実現するのである。

それに、すべての行動を同等に扱えるわけではない。たとえば、誰かの投稿に「いいね！」を送ることと、誰かと一つのチームで2年間仕事をすることは同じではない。誰かにCCでメールを送ることは、強力な人間関係の証にはならない。個々の活動にどのように重み付けをして組み合わせるかが問題である。ここで役に立つのが、マシンラーニングのアルゴリズムやシミュレーションモデルである。多少の技術的なノウハウ（そして、どの構造的特徴が、どのようなパフォーマンスの予兆になるかという理解）があれば、そうしたシステムを構築することは難しくない。

**継続的な更新が必要**

関係性は動的なものである。人もプロジェクトも移り変わる。有効性を保つためには、時宜にかなったリレーショナルデータが必要である。リレーショナルアナリティクスのモデルにデジタル排出物を使用することによって、この条件を満たすことが可能だ。

さらに、長期にわたってリレーショナルデータを収集することにより、アナリストの調査の選択肢が増える。たとえば社員が数カ月の育児休暇を取った場合、アナリストはその期間をデータから除外することもできるし、より大きなデータ集団の一部に含めることもできる。または、ある年に企業買収を行った場合、その取引の前後のリレーショナルデータを比較して、自社の脆弱性にどのような変化があったかを図示することもできる。

## 意思決定者に近い視点での分析が必要

たいていの企業は、データサイエンティストに頼る形で人材管理やパフォーマンス管理に関する知見の抽出を行っている。しかしこれはボトルネックの原因になりかねない。なぜなら、経営陣のすべての疑問をタイミングよく解決するためには、データサイエンティストが足りないからだ。しかもデータサイエンティストは分析対象の社員のことを知らないため、分析結果を文脈の中でとらえることができない。

## ダッシュボードがカギを握る

構造的特徴を特定して明示するシステムがあれば、分析で得られた知見が、それを必要とするマネジャーたちに視覚的に近づく。ある半導体チップメーカーの幹部は「当社のマネジャーには、部下の使い方について的確な判断をするためにデータを把握してもらいたい。そして、その判断のタイミングが来た時に後手に回ることのないよう、データを把握しておいてほしい」と話した。

＊　＊　＊

ピープルアナリティクスは、組織の改善につながるエビデンスベースの意思決定の新たな方法である。しかし、現時点ではまだ初期段階であり、ほとんどの企業は社員間の関係性よりも社員個人の属性に注目してきた。属性データの活用だけでは、できることに限りがある。

しかし、リレーショナルアナリティクスを活用すれば、社員、チーム、あるいは組織全体が、パフォーマンス目標を達成する確率を推測できる。また、アルゴリズムを使って、社員のネットワークの変化や特定の管理上の必要性に応じて人員配置を調整することもできる。そしてもちろん、最高の企業はリレーショナルアナリティクスを使って独自の意思決定基準を強化し、より健全で、幸せで、生産的な組織をつくり上げるだろう。

## 社員のプライバシーはどうするか

リレーショナルアナリティクスは、社員のデータのプライバシーをめぐる利害関係に変化をもたらす。社員が求職書類、調査への回答、その他の形で能動的に情報を提供する場合、彼らは企業がその情報を保持して利用することを承知している。しかしリレーショナルデータ（スラックのチャット相手や、CCでメールを受信した時間など）を受動的に収集する場合は、社員はそれが行われていることも、そうした情報が分析されていることも、意識さえしないかもしれない。

企業が最初にすべき仕事は透明性の確保である。デジタル排出物を集めるなら、社員に対し、組織の社会的ネットワークを分析する目的で会社が相互作用のパターンを追跡することを理解した旨を示す、合意書への署名を求めるべきである。リレーショナルアナリティクスの内容をすべて開示し、社員の承諾を得ることが、唯一の選択肢である。

筆者たちは、リーダーがプライバシーの懸念に対して先手を打つための、いくつかの追加的な施策も見出した。1つ目は、会社が収集するあらゆるリレーショナルデータを社員に還元することである。少なくとも年に1度のペースで提供することを推奨する。たとえば、各社員のネットワークや比較基準をマッピングしたデータの提供が考えられる。たとえばその社員の制約スコア（社会的ネットワークがどの程度仲間内に留まっているかを示す）と、所属部署の社員の制約スコアの平均を記載したリポートを作成できるだろう。そうすれば、このスコアを中心にしてメンターとのセッションを行うことも可能だ。

2つ目は、会社が資金を投じるリレーショナルアナリティクスの深さを明確にすることである。最も基本的でプライバシーの懸念が発生しにくいのが、一般的なパターン分析である。この分析では、たとえばマーケティング部がサイロ化しているということはわかるが、サイロ化を助長している個人は特定されない。また、イノベーションの特徴を持つチームが一定割合で存在することはわかるが、どのチームが該当するかは特定されない。

もう一段階深い分析は、社内のどの社員がどのようなネットワークを持つかを明らかにする。社員の行動について、スコアを用いたエビデンスベースの予測が可能になるだろう。たとえば、誰がインフルエンサーになる可能性が高いかとか、誰がいなくなると組織が脆弱になるかといった予測である。このレベルの分析は企業により多くの価値をもたらすが、これを嫌う社員の離職につながる可能性がある。

最も深いレベルの分析は、リレーショナルアナリティクスとマシンラーニングを組み合わせる。このシナリオでは、社員がやり取りする相手や、議論するトピックについてのデータを収集する。メールやSNSへの投稿の内容を会社が調べ、誰がどの分野の専門知識を持つかを特定する。このような情報はリーダーにとって、たとえばある分野で優れたアイデアを出せる可能性の高い人材を探したりする時に、極めて明確な指針となる。このように最も深いレベルの分析を行えば、当然ながらプライバシーの懸念も最も大きくなる。上級経営陣は、この問題に対処するために慎重に戦略を練らなければならない。

第6章

# 終身雇用を捨てよう

リンクトイン 共同創業者
**リード・ホフマン**
起業家
**ベン・カスノーカ**
起業家
**クリス・イェ**

**"Tours of Duty : The New Employer-Employee Compact"**
*Harvard Business Review*, June 2013.
邦訳「終身雇用を捨てよう」
『DIAMONDハーバード・ビジネス・レビュー』2013年12月号

**Reid Hoffman**
リンクトインの共同創業者であり会長。またベンチャーキャピタル、グレイロックのパートナーを務める。

**Ben Casnocha**
起業家であり、リード・ホフマンと共著で『スタートアップ！ ——シリコンバレー流成功する自己実現の秘訣』を執筆（注1）。

**Chris Yeh**
起業家、投資家、ブロガー、そしてPBワークスのマーケティング担当バイスプレジデント。

## もはや終身雇用は成り立たない

20世紀のほとんどの期間、先進国において雇用者と被雇用者の間で交わされた協定は、要するに安定性が最も重要視された。大企業では雇用が保障されており、その会社が財務的に問題なく、従業員が自分の仕事をこなしている限り、職が失われることはなかった。そしてホワイトカラーの世界では、キャリアはある種、エスカレーターのように進むものであり、社内ルールに従う従業員はお約束通り昇進し、企業の側は、従業員の忠誠心と低い離職率を享受できた。

そしてグローバリゼーションと情報化時代の到来とともに、安定性は、急激で予測できない変化に取って代わられた。適応力と起業家精神こそが、成功を成し遂げ、それを維持するための秘訣となった。この変化によって米国の民間セクターでは、伝統的な雇用者と被雇用者間の協定、およびそれに伴うキャリアエスカレーターが完全に破壊されたのである。他の国においても、この変化によりさまざまなレベルの混乱が起きている。

この問題を指摘したり、解決策を示したりするのは筆者らが初めてではない。だが、いままでに示された新しい対策でしっかり根付いたものは一つもない。多くの――おそらくほとんどの――企業は、よりよい雇用協定を生み出すのではなく、既存の協定を最小化することで適応力を高めようとしてきた。コスト削減が必要なら、では従業員を解雇しよう。新しいスキルが必要か。なら、では別の人材を採用しようという具合だ。

このレッセ・フェール(市場中心の自由放任主義)の仕組みの下では、従業員は自分を〝フリーエージェント〟と考えるようになる。成長の機会を求めて他社に目を向け、よりよいチャンスが訪れれば職を変える。その結果、勝者がすべてを独占する勝者総取り型の経済となり、頂点にいる経営者層はこれを公正だと感じるかもしれないが、その他すべての労働者の間には、あまねく幻滅感が広がることになる。

仮に必要最小限の雇用協定だけで済ますことに成功したとしても、企業は予期せぬ副産物の悪影響を受ける。というのも、こうした最小限の協定は転職を促し、従業員の生産性を妨害するからだ。

さらに重要なのは職の安定が失われることにより、間接的に、従業員に適応力と起業家精神を高めるインセンティブを与えるということだ。ところが(最小限の雇用協定のせいで)互恵の精神も同時に失われるため、最高の適応力と起業家精神を持つ従業員は、どこか他の場所でその才能を活かすよう背中を押されるのだ。これでは企業はいくばくかのコスト削減ができても、イノベーションと適応力に関してはほとんど何も得られない。

いまこそ、雇用者と被雇用者の新たな協定について考えるべき時が来た。従業員に終身雇用を与えていては俊敏な会社になれないし、そもそも最高の人材は一生一つの雇用者に仕えることなど望まない。とはいえ、「自分のことがすべてで他者はどうでもいい」と言わんばかりの関係より、優れた協定を生み出すことは可能なのだ。実際、すでに取り組み始めた企業もある。

## シリコンバレーで始まる雇用協定の見直し

筆者ら3人は、雇用者と被雇用者の関係がすでに新たな形態を取り始めた世界、すなわちシリコンバレーのハイテク新興企業のコミュニティ出身である。この世界では、適応力とリスクテイクが成功に不可欠の要素と見なされており、十分に強いネットワークを築くことができれば、個々の起業家でも世界に大きな影響を与えられる。

筆者らのうち2人（リード・ホフマンとベン・カスノーカ）は最近、『スタートアップ！』[注1]という本を書いた。これはテクノロジー業界で成功を収めた起業家たちの習慣を適用して、どの業界にいようと充実したキャリアを構築するための本だ。当然ながら、すべての業界でスタートアップ事業のように物事が進むわけではない。とはいえ今日の企業の大半は、急激な変化と破壊的イノベーションという似たような環境の下で操業している。

経営資源と競争上の地位では圧倒的に不利に見えるにもかかわらず、ごく小さなスタートアップ企業が巨大企業をしのぐ成果を上げることは日常茶飯事だ。スタートアップ企業がこのように成功する大きな理由は、創業者や幹部、そして初期の従業員たちが、適応力に富んだ起業家精神旺盛なタイプであり、努力やネットワークづくり、さらにリスクテイクでも、ライバルを上回ってやろうという気概に満ちているからだ。そして結果的にライバルを上回る報酬も手に入れる。

そのようなタイプを採用し、そうなるように社員を訓練して、彼らに頼るようになることは、場合によっては怖いことかもしれない。自社の従業員に起業家精神を大いに発揮するようけしかけると、結局は会社を辞めてライバル社に転職するかもしれない。最悪の場合、社員みずからが起業して、自社のライバルとなることもありえる。シリコンバレーでは日常的に起きている現実である。しかし、ここシリコンバレーの賢い経営者たちは、組織内の人材との関係を見直すことで、起業家精神旺盛なマインドセットを社員に奨励しつつ社員定着率を高められると気づいている。それどころか、他のチャンスを求めて離職する社員さえも、自社に役立てられると考え始めた経営者も増えている。

これこそ、いま必要とされる新しいタイプの雇用協定のひな型である。これが一番はっきりとした形で目に見えるのはハイテク業界だが、その胎動は他の業界――たとえばコンサルティング会社などでも散見される。そして、この新しいタイプの雇用協定の根底にある一番の原則は、互恵主義である。つまり両者にメリットのある、自発的な関係を結んだことを、当事者同士が理解し同意するのである。

たしかに、昔ながらの終身雇用契約でも、相互投資は暗黙の了解になっていた。当事者同士がその雇用関係を永続するものと見なしていたので、両者とも喜んでその関係のために、お金も時間も費やした。企業の側は研修と昇進、そして口には出さないが雇用を保障した。一方で従業員側は、忠誠心および慎ましい賃上げ要求でこれに応えた。

新しいタイプの雇用協定では、雇用関係がおそらく永続しないことを認めながら、それでも信頼と相互投資を何とか生み出すことを目指す。忠誠心というきっちりした絆で関係を結ぶ代わりに、両者は「同盟」による互恵関係を目指すのである。

## 新しい雇用形態を実現する3つの方法

雇用者と被雇用者は、同盟者としてお互いの価値を高めようと努力する。雇用者側の言い分は、「あなたがこの会社の価値を高めてくれるなら、我々もあなたの価値を高めよう」であり、被雇用者側の言い分は「私の成長と繁栄を手助けしてくれるなら、私もこの会社が成長し繁栄するよう手を貸そう」ということである。従業員は会社の適応力を高めるために注力し、会社は従業員の雇用される力を高めるために投資する。ベイン・アンド・カンパニーの前CEOトム・ティアニーが、新入社員やコンサルタントによく言っていたように「これから君たちの市場競争力を高めるぞ」というわけである。

互恵主義の雇用協定は、感情に訴える部分がないかもしれない。それでも信頼に基づくものであることに変わりはない。当事者たちは単なる金と時間の交換ではなく、同盟を求めている。そのため組織内での雇用関係が限りある命だと認めたうえでもなお、この協定で当事者間に、より強い関係を築ける。そうなれば、雇用者も被雇用者もより大きなリスクを負うことが可能になり、単に局所的なピークを求めるのではなく、全体から見た最大値を目指すために時間とリソースを投入できるようになる。

ネットフリックスが従業員と結んだ協定は、こうした新たな制度がどのような形になりうるかの一例である。CEOのリード・ヘイスティングは、同社の企業文化を伝えた有名なプレゼンテーションで次のように宣言した。「我々はチームであって、家族ではない」。彼は経営陣に次のように助言した。「うちの社員がもし、2カ月後にはうちを辞めて同業他社で似たような仕事に就くと言った時、私が必死でネットフリックスに居続けさせようと慰留するであろう社員は誰だろう。それ以外の社員は、いますぐ手厚い退職金を与えたうえで辞めてもらおう。そうすれば、辞めた社員の代わりにその仕事をこなすスター人材の獲得に向けて、空きスペースができる」

新しい雇用協定とは、気持ちよい関係を築くことではない。会社の本質は優れた人材であり、働きの悪い者は切り捨てられる。優れた人材を惹き付ける方法は魅力的なチャンスを示すこと、という理解を前提にしている。

筆者らは、新しいタイプの雇用形態を具体的かつ実用的な形で実現した組織を通して、シンプルで簡単明瞭な3つの実現方法を発見した。

❶一定の〝雇用期間〟だけ従業員を雇う。
❷従業員が組織の外にネットワークを築くことを奨励し、場合によっては奨励金すら支払う。
❸従業員が会社を辞めた後も、生涯のキャリアを通じて元の雇い主との関係を維持する助けになるよう、活発なアルムナイ・ネットワーク（元社員のネットワーク）をつくり出す。

では、それぞれ順に見ていこう。

## 「雇用期間」を設ける

もし自分の会社の全従業員が生涯あなたに忠誠を誓うと思っているのなら、考え直したほうがいい。いずれほとんどの従業員は、新しいチャンスに賭けるため、あなたに背を向けるだろう。この事実を認識すれば、企業は漸進的な同盟の必要性を理解できるようになるはずだ。

リード・ホフマンがリンクトインを創業した時、初期の従業員との協定は4年間の雇用期間とし、しかも2年目が終わった時点で話し合いをするものとした。この4年間に従業員が目立った働きをすれば、会社はその従業員のキャリアアップを手伝うことになる。理屈上は、キャリアアップの結果、もう一度リンクトインで新たな雇用期間を務めることになるかもしれないが、もちろん他の会社で職を得ることもありうる。

この雇用期間方式はうまくいく。企業は、期間内に目に見える成果を生み出そうと奮闘する熱心な従業員を得ることになるし、そのような従業員は1回もしくは複数回の雇用期間を終える頃にはこの方法の有力な賛同者、そして推進力となっている可能性もある。従業員の側は、「生涯有効な雇用」自体は得られないかもしれないが、生涯有効な「雇用される力」の向上に向け大きな一歩を踏み出せる。

さらにこれは、一定の「信頼の期間」を確立する。生涯続く雇用と忠誠心など、もはや現代世界のどこにもない。にもかかわらず、それがあるかのように振る舞うことは、雇用者側も被雇用者もともに嘘をつかねばならないため、信頼を損なうのだ。

なぜ2年から4年なのか。この時間の区切りは、ほぼ普遍的な説得力を持つようである。ソフトウェア業界では、この期間がちょうど標準的な製品開発サイクルと一致するため、従業員は大きなプロジェクトを一つやり抜くことができる。プロクター・アンド・ギャンブルのような消費財企業は、ブランドマネジャーが一定の職務を2〜4年間続けることになるよう人事異動を行う。投資銀行や経営コンサルタント業界には、2〜4年間のアナリストプログラム（新入社員の育成コース）がある。大統領選挙やオリンピックのことを考えてほしい。この周期はビジネス界の外でも当てはまる。

適切に実施すれば、雇用期間方式は新規採用と社員定着率の両方を強化できる。その秘訣は、雇用者と被雇用者が協力するための、はっきりとした原則を示すことだ。両者が事前に、この関係を結ぶ目的とお互いの望むメリット、そして関係の終了予定時期について合意しておくのだ。

大半の社員定着率向上プログラムに見られる問題は、目的が曖昧（〝よい〟社員を残せ）なことと、期間が曖昧（無期限に）なことである。どちらの種類の曖昧さも信頼を破壊する。なぜなら会社側は従業員に対し会社への関与を求めるが、その見返りに何も約束しないからだ。

これと対照的に、雇用期間方式は個々人に応じた定着率向上プログラムとして機能する。大切な従業員に自分の雇用期間を勤め上げる具体的で説得力のある理由を示し、同時に会社との将来の関係を相談するための明確な時間枠も設定できる。

ペンシルバニア大学ウォートンスクールでは、学生たちがこのビジネススクールに来る以前の仕事の満足度についてアンケートを取っている。そして、「期間の決まった仕事」——たとえば2年間のアナリストプログラム――をしてからウォートンスクールに来た学生は、そうでない学生に比べて、当時の仕事経験により肯定的な評価をしていることを発見した。

２００３年、経営コンサルタントのマット・コーラーはベンチャーキャピタリストになりたいと考えていたものの、スタートアップ企業での経験がなかった。彼はリンクトインのリードの下で働くことになり、２人で2年間の雇用期間について綿密な計画を立てた。期間が終わると2人とも雇用期間の延長に合意し、同時に次の雇用期間にマットにできることを、はっきりさせた。6カ月後、マットはフェイスブックの最初の5人の従業員として働くチャンスを得た。リードはマットを失いたくなかったにもかかわらず、転職を勧めた。その仕事はマットのスタートアップ経験を豊かなものにし、彼の目的に一歩近づけることになると思われたからだ。マットはフェイスブックで3年の経験を積んだ後、著名なベンチャーキャピタルのベンチマーク・キャピタルで最年少のゼネラルパートナーとなった。

**要点1　個々人に合わせた、相互にメリットのある雇用期間を設計すること**

カギとなる従業員とは話し合いによって明確な雇用期間の諸条件を定め、確固とした、しかし期限付きの約束事項――絞り込まれた自分の目標と、明確な相手への期待――を相互に確認する。「この同盟によって、両当事者はどのような利益を得て、どう進歩するだろうか」と問いかけるといい。

可能であれば、雇用期間の条件として、従業員が起業のチャンスに賭けるため期間途中に抜け出す可能性も残すべきである。それは新製品の開発や立ち上げ、既存の事業プロセスの再設計、組織的イノベーションの考案などの場合に起こりえる。

このような方法は、本社の人事部門にやらせることはできない。これは協定を結ぶ作業であって、契約書を書き上げるわけではないからだ。筆者らは、すべての細目まで規定した履行保証付きの取り決めを、交渉によって作成するように提案しているのではない。堅苦しいやり方は、起業家のマインドセットの対極にある。従業員の実際の仕事を出発点にして信頼関係を築くのだから、この話し合いは直接関与するマネジャーが仕切らなければならない。

## 企業の垣根を超えた関係を築く

ヘンリー・フォードは、かつて次のような不満を述べた。「両手を貸してほしいだけなのに、必ず頭脳も一緒についてくるのはなぜだ」。しかし今日では、言うまでもなく頭脳は両手の価値を劇的に増強する。しかも、会社の外にある頭脳と関わることができれば、その両手の働きはよりいっそう強まる。

あなたの会社にどれだけ賢い人材がいようとも、会社の外には常により多くの賢い人々がいる。これは、従業員一人のスタートアップ企業から、世界中のグーグル並みの大企業まで、あらゆる企業に当てはまる。そして会社の外にいる賢い頭脳とは、自社の従業員のネットワークインテリジェンス（ネットワークを通して得られる知識・情報）を通して関わることができる。

ネットワークが広ければ広いほど、その従業員はいっそうイノベーションに貢献できるようになる。デューク大学のマーティン・ルーフによれば、多様な友だちを持つ起業家は、イノベーションの面で3

倍の成績を収めたという。多様性を、ひいてはイノベーションを最大化するためには、自社の内部と外部の両方にネットワークが必要なのだ。

したがって、雇用者は被雇用者に対し、社外の世界を含めた専門家のネットワークを構築・維持するよう促すべきである。実際には、従業員に次のように言えばいい。「会社として、あなたがネットワークを築くための時間を与えます。ネットワークを広げることができるイベントに、参加するための費用も払いましょう。その代わり、会社のプラスになるように、そのネットワークを活用するよう頼みます」。これは、お互いに信頼と投資を与え合う素晴らしい例である。

すなわち、従業員にネットワーク構築のリソースを提供することで、あなたは彼らに信頼を与えたことになり、従業員の側は、自分のネットワーク資本の一部を会社のために役立てることで、あなたのビジネスに投資したことになるからだ。

こうしたネットワークは、会社の操業環境すべて——顧客も競合他社も等しく——をくまなく取り囲み、新技術やその他のトレンドに関する情報のプラットフォームとして機能すべきである。たとえばリードがパートナーを務めるベンチャーキャピタル、グレイロックにおいて、メンバーが投資の専門家としての社外ネットワークを利用することは、プロダクトレビュー会議で重要な役割を果たしている。そこではたとえば誰かがこんな質問をする。「最近、どんな新技術の噂を聞いているかな。よく調べてみるべきものはあるかい」。ここで得られた知見によって、より優れた意思決定がなされ、結果的にグレイロックの投資先企業の価値を増大させる。

また、別のトップレベルのベンチャーキャピタル、アンドリーセン・ホロウィッツのパートナーたちには、創造力を高めるための独自のやり方がある。会議の最初には必ず、誰かが聞き付けてきた業界の噂話の中で、最高のものに賞金を贈るのだ。ベンチャーキャピタル業界でなくても、このようなテクニックを会社に持ち込むことはできる。

社外との関係はどれほどの威力を持つか。それを理解することは、シリコンバレーのハイテク企業の歴史をひも解く際に役立つ。そのあたりの事情は、技術の地域的集積に関するアナリー・サクセニアンの年代記、『現代の二都物語』(注2)に詳しい。1970年代、世界最大級の技術系企業の何社かは、ボストンの高速道路「ルート128」周辺地帯(当時は米国最大のハイテク企業の集積地だった)に本社を置いていた。いま、技術系企業のトップ10社は一つもそのエリアにいない。ボストンの優位はシリコンバレーに奪われてしまったのだ。何がこのような変化を可能にしたのか。外部のネットワークである。

マサチューセッツ州の企業は一般に、オープンさよりも秘密主義を好み、競合禁止条項(一定期間、自社と競合するビジネスを行わないと従業員に約束させる)を厳格に適用することで、従業員がライバル社に移ったり、みずから起業することを防ごうとする。一方、シリコンバレーは昔からよりオープンな文化を持っており(強制力のある競合禁止条項はない)、そのおかげで人々は、はるかに密度が濃く相互関連性の高いネットワーク――これがイノベーションを容易にする――を生み出すことができたのである。

シリコンバレーでは、ライバルと協力することが相互に利益となる場合もあるという事実を反映して、「コーペティション」(coopetition)(注3)という言葉さえ生まれている。

もう一度、ネットフリックスを例に挙げよう。同社は、アマゾン・ドットコムが「インスタント・ビデオ」という直接競合するサービスを提供しているにもかかわらず、自社のビデオのストリーミング配信サービスを提供するのに、アマゾンのクラウドプラットフォームを利用しているのだ。

## 要点2　ネットワークの開発を促すべし

筆者らは著書『スタートアップ！』で「あなたのキャリアが成功するかどうかは、自分個人の能力と、その能力を拡大する自分のネットワークの能力との両方によって決まる。これを〝ＩのＷｅ乗〟と考えてはどうか。一個人の力は、チーム（ネットワーク）の助けによって指数関数的に引き上げられるのだ」と述べた。

そして、ちょうど個々人の力がその人の持つネットワークの強さに応じて引き上げられる（ＩのＷｅ乗）と同じように、会社の力も従業員の持つネットワークの強さに応じて引き上げられる。個々人のネットワークとそれを情報収集に利用できる能力を重視すべきだ。そして、それを会社の資産として、みんなにはっきりわかる形で認めるのである。

自分のリンクトインのプロフィールを最新に保っている従業員や、個人のツイッターで多数のフォロワーを集めている従業員は、会社を裏切っているのではなく、会社にとって正しいことをしている。そして従業員を採用する際は、候補者のネットワークの強さと多様さを重視する。強いネットワークを持つ人材を、会社に引き入れるのはよいことだ。そして、既存の従業員の持つネットワークとかぶるのではなく、足りない部分を補完するネットワークを持つ人を採用するのはさらによい。

筆者らが個人に勧める一つのテクニックは、「注目すべき人貯金」を始めることだ。これは、自分のネットワークにいる人々をお茶に誘い出すための貯金だ。会社でこれと同じ役目を果たすのは、従業員が利用できる「ネットワーク基金」である。会社がその成果を確実に得るためには、ネットワーク基金の利用ルールとして次の2つを求めることだ。1つ目は、従業員が基金を利用する際は、会社の影響が及んでいる範囲から離れること。なるべく多様な外部ネットワークを築くには、従業員に「建物の外」に出てもらうべきだ。2つ目は、社内で成果を共有できるよう、従業員は自分の得た知見を報告しなければならないことだ。

大半の企業は社員のビジネスランチを経費として認めるが、ネットワークランチを経費として認める企業はほとんどない。とはいえ、もしあなたがトップエグゼクティブなら、おそらくその類のランチを始終しており、結果的にそれは自社の役に立っているだろう。自社の従業員が同じようにネットワークランチをすることをただ認めるだけではなく、当然そうするように求めるのだ。

マサチューセッツ州に本拠を置くマーケティングソフトウェア企業のハブ・スポットは、彼らの言葉を借りれば、すべての社員の「個々人の習熟と市場価値に投資する」価値を信じているという。実際にはその言葉より、さらに物事が簡単に済むようにしている。社員が何かの本に興味を持てば、社内ネットのウィキ・ページにそう書くだけでいい。本はその社員のキンドル端末に現れるだろう。頭の切れる誰かをランチに誘いたい時はどうだろう。「使っていい。経費の承認は不要」が同社の方針である。

会社に流入してくるネットワークインテリジェンスには、経営トップ層が関心を持ち、それを強化・拡張するための具体的なプログラムを用意する必要がある。高度なネットワークを持ち、起業家精神に満ちた被雇用者にとって、これは雇用者側の魅力を判断する最重要指標の一つだ。

## アルムナイ・ネットワークを築く

もしも得がたい社員から会社を辞めると告げられたら、最初にすべきは考え直すよう説得を試みることだ。しかし、それでダメなら次にすべきはその人の転職を祝い、アルムナイ（元社員）・ネットワークに快く迎え入れることだ。

一つの雇用が終わったからといって、自社とその従業員との関係まで終わらせる必要はない。会社のアルムナイ・ネットワークを築くことは、その会社にとって最高の人材と長期間関係を維持するには最善の方法である。これは、シンディ・レウィトン・ジャクソンがベインでキャリア開発およびアルムナイ・リレーションズ（元社員関係）担当のグローバルディレクターだった時に指摘した言葉通りである。「目的は従業員のつなぎ留めではありません。終生の協力関係を築くことが狙いなのです」

この点を昔から理解していた業界や企業もある。マッキンゼー・アンド・カンパニーは1960年代からアルムナイ・ネットワークを運営している。いまや同グループのネットワークには2万4000人を上回るメンバーがいる（この中には、年間売上げ10億円を超える企業のCEOも230人以上いる）。ブーズ・アレン・ハミルトンのネットワークは3万8000人だ。

アルムナイ・ネットワークのもたらす明らかな恩恵の一つは、以前の従業員を再雇用するチャンスが広がることだ。コーポレート・エグゼクティブ・ボード（CEB）によれば、「CEBアルムナイ・ネットワーク」を本格的に立ち上げたところ、わずか2年間で再雇用率が2倍になったという。だが、このネットワークの真価はそれ以上のものだ。

元社員たちは、社外関係において最も有効な資産なのだ。彼らは競争情報や効果的なビジネス手法、業界内の新トレンドやさらに多くのことを会社に伝えてくれる可能性がある。彼らはあなたの会社で物事がどう動くかを理解しているうえ、概して、可能であれば前にいた会社を助けたいと考える傾向がある。ベインのトム・ティアニーは「我々が質の高い新ビジネスを生み出す一番の情報源は、我々の元社員である」と述べている。

コンサルティング業界で企業アルムナイ・ネットワークの先駆けが生まれたのは、もしかすると業界の組織慣行（2年間のアナリストプログラムや〝アップ・オア・アウト〟の昇進システム、自社コンサルタントにクライアント企業への転職を勧めることなど）が、この考え方にあまりにもぴったりとマッチしたからかもしれない。だが、アルムナイ・ネットワークを築く慣行は他業界にも広がりつつある。

リンクトインはいまや、数千もの企業アルムナイ・グループに場所を提供している。フォーチュン500の98％も、リンクトインにアルムナイ・グループを持っている。これらは、会社公認ではなく非公式なものが多い。元社員が、お互いに連絡を取り、助け合いたいという動機に動かされた結果、こうしたグループが勝手に出現したのである。オランダのトゥウェンテ大学が行った調査によれば、調査対象のうちわずか15％の企業しか公式なアルムナイ・ネットワークを持っていなかったが、67％の企業には、勝手に運営される非公式のアルムナイ・ネットワークがあったという。

会社がアルムナイ・ネットワークを運営することは、失敗を認めることになるという心配があるかもしれない。すなわち、最も優れた社員を自社に留めておけないことの表れであると。しかし、いずれにせよ元社員たちはみずからネットワークをつくる可能性が高い。そうであれば、本当に考えるべき問題は一つしかない。あなたの会社は、自社のアルムナイ・ネットワークに対して影響力を持ちたいかどうかである。アルムナイは、あなたに利用されるのを待っている休眠中の資産である。利用しない手はあるまい。

**要点3　退職時面談を活用すべし**

従来の退職時面談は、失われたチャンスを示すためだけのものだ。どうせ残った社員に無視されるであろう形式的なフィードバックを退職者から聞き取るよりも、退職時面談に臨む管理職には、会社が退職者と長期的関係を維持していくのに役立つ情報を集めさせるべきである（さらに退職者をアルムナイ・ネットワークに勧誘すべきだ）。すべての元従業員に関する情報を集めたデータベースを構築するといい。個人のメールアドレスと電話番号、リンクトインのプロフィール、ツイッターのハンドル名、ブログのＵＲＬ、専門分野などである。

退職時面談はまた、信頼を得るためのチャンスでもある。多くの従業員は会社を去る際、不快なほどよそよそしく、時には怒りさえ感じるほどの別れ話にじっと耐えている。だからこそ、あなたの会社と退職者との関係が今後も続く性質のものであると強調すれば、自社を際立った存在として印象付けることができる。

もちろん、退職時面談はまた、あなたや会社がどうすればよりよいやり方をできるか学ぶ機会でもある。辞めていく社員は、在籍中の社員より正直に物を言う可能性が高いし、会社の事業や組織慣行の欠点を気にかけている場合もあろう。退職者の話によく耳を傾けるべきである。

去りゆくのが自社のスター社員だった場合、退職時のサービスを一段レベルアップすべきだ（その社員がきちんとしたプロとして離職を行い、組織ごと引き連れていくのでなければの話だが）。そうした連中は次も素晴らしいことを始め、それぞれ自分のネットワークの中でハブとなる可能性が高い。それはあなたにとっても非常に利用価値が高いという結果になることもある。そして、雇用期間と同じように、双方向に価値をもたらす関係を目指すのだ。

相手からメリットを受けることを期待するなら、相手にメリットを与える必要がある。あなたが提供するメリットは、どの業界にいるかによって異なるだろう。たとえばコンサルティング業界の場合、クライアント企業に転職していった元社員に対し、無料で知見を提供する例がよく見られる。消費財メーカーなら、通例の社員割引よりさらに値引した価格を元社員に提供すればいい。

かかるコストは最小限であり、得られる信頼と好意はかなりの価値を生むこともある。辞めた元社員に「謝礼」を与えるなんてやりすぎだと思う人もいるかもしれないが、そのような見方はピントがずれている。ほとんどの従業員は、不誠実だから辞めたわけではない。他の会社が彼らに示したほどのチャンスを、あなたが提供できなかったから辞めたのだ。

もし会社として公式なアルムナイ・ネットワークを設ける経営資源がないなら、リンクトインやフェイスブック上で立ち上がった非公式なネットワークを支援すればいい。自社の助けになった元社員に金銭報酬を与えることから、会社の記念品を提供したり、同窓会のピザ代を持つことまで。アルムナイ・

ネットワークに関するあらゆることが支援の対象になる。ネットワークの会報を配布するだけでも、実質的なコストをかけず、今後の関係を心のこもったものにするのに役立つ。

## 人材獲得の好循環を生み出す

ネットワークづくりに精を出し、自分のリンクトインのプロフィールをきちんと更新し、常に新たなチャンスを検討しているような社員は、問題社員ではない。それどころか、おそらくあなたの会社にもっと必要なのは、そのような起業家タイプで、外向き志向で、前向きな人々だ。

会社はそのような社員を必要とするが、彼らの多くは長く会社に留まらないのも事実だ。この事実と会社のニーズとの折り合いをどうつければいいのだろうか。まず、この事実を受け入れることが第一歩となる。CEBは、雇用者から「将来有望な人材」と見なされている従業員2万人を対象に調査を行い、彼らの4人に1人が1年以内に転職を予定していることを明らかにした。(注4) この恐ろしい事実を何とか受け入れることとさえできれば、社員の野心を後押しする誠実で生産的な関係を築くのは簡単だと気づくだろう。会社とそのような関係を築けば、結果的に社員はいまの仕事をより効率的にこなせるようになるし、いまの会社により長く留まらせることにもなりうる。

筆者らが心に描く、新しい雇用者と被雇用者間の協定のカギは、それが忠誠心を基盤としないながらも、取引にのみ徹した関係でもないという点にある。お互いの成功を助け合うことを目的とした、一組織と一個人との同盟関係なのだ。

企業間の人材争奪戦において、このような同盟関係は秘密兵器となりうる。社内の主要ポストを、みんながほしがるクリエイティブかつ適応力のあるスーパースターで埋めるための助けになる。起業家精神に満ちた従業員は事業の成功の原動力となる。そして事業の成功により、あなたの会社はこうした起業家タイプの人材をますます惹き付けるようになるだろう。この好循環こそが、シリコンバレーの企業に、人材における競争優位をもたらしたのだ。あなたの会社にも、この好循環が働くはずだ。

## 起業家タイプの従業員を怖れるな

新しい協定があれば、起業家精神旺盛で適応力の高い人々を惹き付けることができる。しかしこのようなタイプの従業員を頼りにするのは場合によっては恐ろしく感じられるだろう。なぜなら、彼らは学びの多い新たな仕事に転職する機会を絶え間なく探しており、他社も常に、こうした人材を引き抜こうと狙っているからだ。

それでもなお、こうしたタイプを——たとえ短期間であっても——社内に置くことは極めて重要である。それゆえ、このタイプへの恐怖心は忘れるべきなのだ。その理由を説明しよう。

### 起業家タイプの従業員は本当に会社の役に立つのか

ジョン・ラセターのケースが実証したように、このタイプの従業員はこの上ない利益をもたらす可能性がある。

1980年代初頭、当時はウォルト・ディズニーの若きアニメーターであったラセターは、自分の上司たちにコンピュータが生み出すアニメーションの新技術を売り込んだ――そして、即座に解雇された。彼は結局ルーカス・フィルムのCG部門に落ち着くが、その部門は後にスティーブ・ジョブズが買収する。ジョブズはラセターの力を借りて、この部門をコンピュータ製アニメの王国、ピクサーへと変身させた。

2006年にディズニーは74億ドルでピクサーを買収し、ラセターをピクサーとウォルト・ディズニー・アニメーション・スタジオの両方のチーフクリエイティブオフィサーに任命した。ディズニーは高い授業料を払って教訓を得たわけだ。もし当初、クリエイティブで起業家精神に満ちたラセターの才能を、ディズニー社内で自由に発揮させていたら、はるかに安い費用で同じものを手に入れられたのである。

起業家タイプの従業員がもたらす利益を定量化するのは難しいが、企業内での起業家精神を調査研究しているグローバル・アントレプレナーシップ・モニター(GEM)はいくつか興味深い発見をしている。GEMが2011年に行ったある調査では、「自分が勤める組織のために新しい事業活動を創造・開発」する頻度を、各国の個人ごとに比較した。

その結果、「会社の従業員による起業家的な活動の普及度合いを、その国の成人人口で割って求めた普及率」は、イノベーション主導型経済において、要素主導型経済(資源など投入要素に大きく左右される段階の経済)の10倍以上も高く、効率主導型経済と比べても2倍以上高かったという。換言すれば、起業家タイプの従業員とその企業のイノベーションとの間には密接な関連があるということだ。

**社員に起業家精神を発揮するよう促すと、いずれ会社を去ることにならないか**

会社を去る社員もいるだろう。だが、仮に短い期間でも、そのようなタイプの社員を持つことは会社に莫大な利益をもたらす可能性がある。

アマゾンがクラウドコンピューティング分野でもトップ企業の一社となれたのは、アマゾン・ウェブ・サービス（AWS）のおかげである。これは企業に記憶装置とコンピュータパワーを貸し出すサービスで、これにより企業は自前で設備を購入・管理する必要がなくなる。

AWSのアイデアを思い付いたのは、アマゾンのウェブサイトエンジニアリングマネジャーのベンジャミン・ブラックと、彼の上司クリス・ピンカムであった。彼らは2003年、アマゾンが効率的な小売業者になれた運用ノウハウは、コンピュータパワーの一般市場にも再利用できることに気づいたのである。彼らはこのアイデアをジェフ・ベゾスに売り込み、何回かのやり取りを経たのち、ベゾスはピンカムを将来AWSとなるプロジェクトの責任者に任命した。

最終的にブラックとピンカムはアマゾンを辞め、それぞれ起業することになる。しかし彼らは、2012年だけでざっと20億ドルの売上げをアマゾンにもたらした事業部門を同社に残していったのである。

## 「雇用期間」を導入すると社員の在職期間が短くなるのではないか

雇用期間には、はっきりと定められた終了期日があるが、それが必ずその社員の在職期間の終わりになるとは限らない。一回の雇用期間が成功裏に終われば、次の雇用期間へとつながる可能性が高い。

雇用期間を重ねるごとに、信頼と互恵の結び付きは強まっていく。そして変化を求める社員には、魅力的条件の新たな雇用期間を用意すれば、ライバル社でなく自社がその社員に変化を与えることができる。これは、忠誠心という曖昧な概念に訴えるよりも効果のある社員引き留め戦略である。

### 自社の従業員の全員が起業家タイプになるべきか

あなたの会社の従業員の１００％が筋金入りの起業家タイプである必要はないし、そもそもそんなことを望みもしない人もいよう。シリコンバレーのスタートアップ企業は〝ロックスター〟のように華やかなスター社員を雇ったと自慢するのを好むが、全員がロックスターでは悪夢のようなめちゃくちゃな会社となることだろう。

すべての企業は、自社の競争環境にふさわしい、社員タイプの適正な組み合わせを実現する必要がある。たとえば比較的安定した業界の企業なら、起業家タイプの社員は少なめなのが最適かもしれない。

とはいえ、あなたの組織が「起業家精神が旺盛すぎる」状態になることは、まずめったに起きないので心配する必要はない。

【注】

（１）Reid Hoffman and Ben Casnocha, *The Start-up of You : Adapt to the Future, Invest in Yourself, and Transform Your Career*, Crown Business, 2012.（邦訳『スタートアップ！ ――シリコンバレー流成功する自己実現の秘訣』日経ＢＰ社、２０１２年）

（２）AnnaLee Saxenian, *Regional Advantage : Culture and Competition in Silicon Valley and Route 128*, Harvard University Press, 1994.（邦訳『現代の２都物語～なぜシリコンバレーは復活し、ボストン・ルート１２８は沈んだか』日経ＢＰ社、２０１２年）

（３）競合他社とある段階までは互いに協力（cooperation）しながら、途中から競合（competition）すること。２つの言葉を合わせた造語。

（４）「人材育成：６つの過ち　有望な社員が会社を去る時」（ＤＨＢＲ　２０１０年12月号）を参照。

# 第7章

# 社員の成長につながる人事評価システムをつくる

ザ・マーカス・バッキンガム・カンパニー 創業者
**マーカス・バッキンガム**
デロイト・サービス ダイレクター
**アシュリー・グッドール**

**"Reinventing Performance Management"**
*Harvard Business Review*, April 2015.
邦訳「社員の成長につながる人事評価システムをつくる」
『DIAMONDハーバード・ビジネス・レビュー』2015年10月号

**Marcus Buckingham**
組織に業績管理ツールや研修を提供するマネジメントコンサルタント。著書に複数のベストセラーを持ち、近著は*StandOut 2.0: Assess Your Strengths, Find Your Edge, Win at Work*, Harvard Business Review Press, 2015.（未訳）。

**Ashley Goodall**
ニューヨークを拠点とするデロイト・サービスのリーダー開発担当ダイレクター。

## 今後の業績に焦点を当てた方法

筆者らは現在、デロイトにおいて業績管理システムを再設計している。そう聞いても驚く人は少ないだろう。他の多くの企業と同様、社員の仕事ぶりを評価するいまのやり方——ひいては、それをもとにした研修、昇進、報酬の決め方——は、次第に本来の目的からずれてきているからだ。

デロイトが最近実施したアンケート調査によると、回答した企業幹部の半数以上（58％）は、現在の業績管理のやり方が、従業員エンゲージメントの向上にも、高業績の達成にも役立っていないと考えている。彼らに、そして筆者らにも必要なのは、より俊敏でリアルタイムに実行でき、もっと個々人に合わせた何か——過去の業績を評価するというよりも、今後の業績にしっかりと焦点を当てた何らかの方法である。

ところで、この新しい業績管理システムに筆者らが「何を含め、何を含めない」つもりかを聞けば、驚く人は多いかもしれない。この業績管理システムには連鎖目標（cascading objectives）も年次評価も360度評価のツールも含まれない。筆者らがたどり着いたのは、これまでの仕組みと大幅に異なり、はるかにシンプルな設計のものだ。

特徴としてはスピード、俊敏さ、個人ごとのカスタムメイド、そして常に学び続ける点が挙げられる。さらに信頼性の高い業績データを収集する新方式が、このシステムを下支えする。この新しいシステムは、筆者らのような人材開発ビジネスにとっても、いままでよりはるかに理にかなったものとなろう。

とはいえ、もし次の3つの証拠が揃わなければ、けっしてこの設計にたどり着くことはできなかっただろう。

その3つとは、ただの作業時間の計測、評点手法の見直し、そして自社組織に関する慎重に管理された調査、である。

## 業績管理に年間200万時間もかけていたと判明

これまでデロイトが使ってきた業績管理システムは、多くの会社で使われているものと共通する特徴がおそらく何点かあるだろう。デロイトでは年初、6万5000人を超える社員全員に目標を設定する。一つのプロジェクトが終了すると、その社員がどれだけ目標に近づけたかをそれぞれの上司が評価する。さらに上司は、その社員の優れている点とそうでない点についてもコメントする。こうした評価を考慮して年末の最終的な評点を決めるのだが、それは〝カウンセラー〟たちの集団が何百人もの社員について同僚の立場から議論する〝コンセンサス会議〟を延々と経たのちに、やっと決まるのである。

社内調査によれば、デロイトの社員はこのやり方の予測がつく点を気に入っており、また誰の評価でも一人の〝カウンセラー〟が任命されるため、〝コンセンサス会議〟に自分の代理人がいる点も好評を得ている。デロイト社員のほとんどはこの評価プロセスを公平だと考えている。

しかし筆者らはもはや、デロイトの新しいニーズを満たすには、このやり方が最高の設計だとは考えていない。年に一度の目標設定では、リアルタイムの世界をあまりにも「くくり」すぎているし、年に一度の評点をつけるための対話は、概して実際の業務中に交わされる対話より価値が低い。

だが、変化の必要性が明確に見えてきたのは、さまざまなことを計測しようと決めてからだ。具体的に言えば、デロイトが業績管理に何時間かけているのかを測ったのである。

その結果、用紙に記入し、会議を行い、評点を出すために、何と年間ほぼ200万時間を費やしていることが判明した。この200万時間がどのように使われているのかを調べてみると、その多くは密室内でリーダーたちが評価作業の結果を話し合うことに費やされていたのだ。

何とかしてこの時間の使い方を変えることはできないだろうか。リーダーが自分たちだけで評点の内容について話し合うことに時間をかけるのではなく、社員の働きぶりと今後のキャリアについて、社員と向き合って話し合うことに時間を割くように。すなわち、焦点を過去から未来へと移せないだろうか——。

## 「評価者特異効果」による評点の難しさ

筆者らの2つ目の発見は、誰かのスキルを評価すると矛盾するデータが生まれてしまうことだった。たとえばあなたの「戦略的思考」を私が評価するとしよう。どれだけ客観的に評価しようと努めても、〝私〟

がどれだけ戦略的思考を行っているか、〝私〟にとって戦略的思考がどれだけ重要か、または評価者として〝私〟がどれほど厳しいか、などによって、〝あなた〟の戦略的思考への評価は大きく影響を受けることが判明している。

では、その影響力はどれほどなのか。「評点とは本当のところ何を計測しているのか」についての最も包括的な研究は、マイケル・マウント、スティーブン・スカレン、メイナード・ゴフによって行われ、その結果は2000年に『応用心理学ジャーナル』に掲載された。彼らの研究では4492人のマネジャーが一定の評価項目について上司2人、同僚2人、部下2人から評価された。その結果、評点の分散の62％は、評価者の物の見方の特異性によって説明できることが判明した。実際の業績の差異が反映されていたのは、評価結果のバラつきのうちわずか21％にすぎなかった。

この結果、3人の研究者は次のように結論した。「評点とは評価される人の業績を測るものだという暗黙の了解があるが、実際に計測されている中身はそのほとんどが、評価者ごとに独特の評点傾向である。したがって評点が明らかにするのは、評価される人についてというよりも、むしろ評価者についてなのである」（マニュエル・ロンドン編 *How People Evaluate Others in Organizations* より）。

この結果を見て筆者らは考え込んだ。筆者らは個人レベルで業績を理解したいと考えており、それを最も的確に判断できる立場にいるのは直属のチームリーダーであると知っていた。だが、チームリーダーが部下の業績をどう見ているかを捕捉する際に、はたして3人の研究者が「評価者特異効果」と名づけたものの影響を受けずにできるだろうか。

## 高業績チームに共通する特徴とは

もう一点わかったことがある。デロイトにおける〝ベストの中のベスト〟チームに共通する特徴は、彼らが自分たちの長所を最も重視していることだ。こうしたベストチームのメンバーは、最高の仕事を毎日行うために自分が呼ばれたのだと感じている。この発見は直感的判断に基づくものでもなければ、逸話や噂を収集して得られたわけでもない。デロイト社内の高業績チームの実証的研究によって得られたのである。

筆者らの研究は過去の調査を土台にしている。ギャラップは1990年代後半から、高業績チームの綿密な調査を何年もかけて行っており、最終的にこの調査は192の組織、5万を超えるチーム、140万人を超える従業員を対象としたものになった。ギャラップは高業績チームとそうでないチームの両方を対象に、使命や目的、報酬やキャリア機会など数多くのテーマについて質問した。そして高業績チームだけが「強く同意」した質問項目を選び出した。

ギャラップがこの調査を始めてすぐに気づいたのは、高業績チームとそうでないチームの差異のほぼすべては、非常に限られた数の質問項目によって説明できるという点だ。最も違いが大きい質問項目は「職場では毎日、自分が最も得意とすることを行う機会が得られる」であった。この質問項目に「強く同意する」とメンバーが答えている事業部は、顧客満足度で高得点を得ている確率が44％高く、従業員の離職率が低い確率が50％高く、生産性の高い確率が38％高かった。

筆者らは、これらの調査結果がデロイトにも当てはまるかどうか調べることにした。最初に60の高業績チームを選び出した。社内のあらゆる部署から1287人が選ばれたことになる。また対照群（コントロールグループ）として、平均的な社員を1954人選んだ。そして各チームの状態を計測するために6項目のアンケート調査を実施した。

結果が出揃ってみると、そのうち3項目がチームの高業績と強い相関関係があるとわかった。その3項目とは「私の同僚たちは質の高い仕事をすると決意している」「会社の使命は私のやる気を引き出す」「私の長所を活かす機会が毎日ある」だ。もちろん、3番目の項目が全社を通して最も効力があった。

こうした調査結果すべてが、新しい業績管理システムの設計によって我々が解決しようとしていた課題に注力するのに役立った。筆者らは、目的と要求水準が非常に明快であるようなチームの一員として、デロイトの社員が自分の長所を活かせるよう手助けすることに、より多くの時間を割きたいと思っていた。そして、信頼性のある差別化された業績データを収集する手っ取り早い方法がほしいと思っていた。この点を念頭に置いて、作業に取りかかった。

## 業績を見るための4つの質問

筆者らはまず、少なくともデロイトにおいて、業績管理の実際の目的が何なのかを、可能な限り明快に述べることから手をつけた。新しい業績管理システムの3つの目的をきちんと文章化したのである。第1番目はわかり切っている。主に変動型報酬体系によって、業績を認めることができるようにするためだ。現在使われているシステムの大半はこれができる。

しかし個々の社員の業績を認めるためには、それがはっきりと見えるようにしなければいけない。これが筆者らの2番目の目的となった。

さて、ここまで来た筆者らは2つの問題に直面する。一つは「評価者特異効果」、一つは評価やプロジェクトの評点、コンセンサス会議、最終評点といった筆者らの伝統的プロセスを合理化する必要性である。

前者を解決するには、筆者らのやり方を微妙に変える必要がある。一人のチームメンバーについてなるべく多くの人に意見を聞く（たとえば360度評価や部下による評価）のではなく、直属のチームリーダー一人だけに聞けばいいとわかったのだ――ただし、これが決定的に重要なのだが、聞くべき質問の種類を変える必要がある。人は他人のスキルを評価させるとバラバラな評点をつけるかもしれないが、自分自身の感情や意思に対する評点は見事に首尾一貫している。であれば、個人レベルの業績を見るためには、チームリーダーに各チームメンバーのスキルについて聞くのではなく、そのメンバーに関してチームリーダーが将来どうするつもりかを聞くことにしよう。

筆者らはプロジェクトが一つ終わるごとに（長期プロジェクトの場合は四半期ごとに）、チームリーダーに、各チームメンバーの今後に関する4つのステートメントに答えてもらうことにした。何度もテストを重ねてステートメントの文言を改良した結果、いまではこれらステートメントがデロイトの個々の社員の差異をはっきりと際立たせ、信頼できる業績測定手法であるとわかっている。その4つとは以下だ。

❶私が知る範囲でこの人物の業績から判断すると、もし私が決定権者であれば、報酬は増やせる限り最大限増やし、ボーナスも最大限を与えるでしょう。(業績全般と組織に対する独自の価値提供を測る。「強くそう思う」から「まったくそう思わない」まで5段階で採点)

❷私が知る範囲でこの人物の業績から判断すると、常に自分のチームにいてほしいと思います。(他者とうまく一緒に働ける能力を測る。「強くそう思う」から「まったくそう思わない」まで5段階で採点)

❸この人物は悲惨な業績となるおそれがある。(「はい」か「いいえ」の回答形式により、顧客やチームに対して害となりかねない問題を見つけ出す)

❹この人物は今日昇進してもおかしくない。(「はい」か「いいえ」の回答形式により、潜在能力を測る)

要するにチームリーダーに対して聞いているのは、各チームメンバーについてどう思うか、ではなく、今後その相手に自分が何をする気か、である。こうしたデータ要素を1年以上にわたって収集し、各データをプロジェクトの長さに応じて加重していくことで、絶え間なく生み出される豊富なデータを得ることができた。

次はこれらデータをもとにして、後継者の育成やキャリアプラン、業績パターンの分析など、リーダーたちがどう応えるかを議論する番である。四半期に一度、デロイトのリーダーたちは新しいデータを使い、目的ごとに選んだ社員の小グループ（たとえば昇進対象者とか非常に大事なスキルを持った人など）について評価を行い、それぞれの小グループをさらに伸ばすために、デロイトはどんな手を打てばいいかを議論できる。

このようにシンプルながらも強力なデータ要素を集計できたことで、「評点について議論」していた年間200万時間を「社員について議論」する時間へと変えられる可能性が見えてきた。業績の確認作業ではなく、その業績に対して筆者らが何をすべきかを議論する作業へと変えられる可能性が生まれたのだ。

この安定した、しかも定量的なデータに加えて、報酬を決める際にはいくつかの定性的なデータ――たとえばその年に割り当てられたプロジェクトの難易度とか、公式なプロジェクト以外での組織への貢献など――も考慮に入れたいと考えている。したがってこれらのデータは、報酬を決める終着点ではなく出発点として役立つことになる。最終決定をするのは、対象となる社員を個人的に知っているリーダーか、もしくは筆者らの取り組みの全体像および数多くのデータ要素を同時に見ているリーダーたちの集団がすることになろう。

この新しい査定方法を〝評点〟と呼ぶこともできるが、生み出し方も使い方も従来の評点とはまったく似たところがない。このやり方により、ある瞬間の業績を素早くとらえることができるようになるため、筆者らはこれを〝業績スナップ〟と呼ぶことにする。

## 第3の目的

こうして筆者らの新しい業績管理システムの2つの目的ははっきりした。すなわち筆者らは社員の業績をきちんと認めたいと考え、そのためには業績が明白に見えなければならない。しかし筆者らの研究や業績管理に関するリーダーとの対話、社員からの反応をすべて考え合わせると、どうしても何かが足りないと確信せざるをえなかった。業績管理とは、根っこの部分でもっと〝管理〟や〝業績〟に密接に関わるものではないのだろうか。言い方を変えると、目の前にある業績を測り、認めることができるのは素晴らしいかもしれないが、それを改善できたらよりいっそう素晴らしいのではないだろうか。

こうして筆者らの第3の目的は業績を向上させること、になった。そして〝業績スナップ〟が業績を測るための組織的ツールであるとすれば、今度はリーダーが部下の業績を強化するために使えるツールが必要となった。

最も優れたチームリーダーたちの取り組みを調べたところ、彼らは各チームメンバーにそれぞれの目先の仕事について定期的に聞き取りをしていることが判明した。リーダーはこうした手短な会話を交わすことで、今後1週間の見込みを定め、優先順位を見直し、最近の仕事についてコメントし、部下に軌道修正やコーチングや大事な新しい情報を与えることができる。こうした会話によって、各チームメンバーに何が期待されているか、その理由はなぜか、素晴らしい仕事とはどんなものか、今後数日で各自が最高の仕事をするにはどうすればいいか、といった点に関して明快になる。換言すれば、これはデロイトのベストチームの特徴である「目的と期待と長所の三位一体」そのものである。

筆者らの新しい設計は、すべてのチームリーダーが週に1回、各チームメンバーに聞き取りをするよう求める。こうした聞き取りはチームリーダーの仕事に加えるべきものではない。これこそがチームリーダーの仕事そのものなのだ。リーダーによる聞き取りの頻度が週1回より少なくなると、チームメンバーの優先順位は曖昧かつ壮大なものになり、リーダーは以前ほど助けにならない存在になる。会話の内容は目先の仕事に対するコーチングから、過去の仕事に対する意見へと変わるだろう。

聞き取りの際の会話は、その頻度をじかに反映した内容になる。近い将来に最高の仕事をする方法について誰かに話してほしいなら、頻繁に会話をする必要があるのである。そしていままでの試運転の結果、こうした会話の頻度とチームメンバーのエンゲージメントとの間には、直接的かつ計測可能な相関関係があることを発見した。非常に頻繁な聞き取り（徹底的に頻繁な聞き取り、と呼んでもいい）は、チームリーダーにとって非常に重要な、言わば〝キラーアプリ〟なのだ。

そうは言ってもチームリーダーは、限られた時間にやるべきことがたくさんある。頻繁な聞き取りを確実にする最良の方法は、チームメンバーの側から聞き取りを始めさせることだとわかった。彼らはたいがい、指導と注目を切望しているものだ。

こうした会話で双方を支援するため、新しいシステムでは個々のメンバーが自己評価ツールを使って自分の長所を探索して理解し、続いてその長所をチームの仲間やリーダー、そして社内のその他の人々に示すことができるようにする予定だ。

その論拠には2つの面がある。第1に、前述の通り、人々の長所は、今日は最高の業績を生み、明日は最大の業績改善を生み出すゆえに、最重視するだけの価値がある。第2に、もし新しいシステムを頻繁に使ってほしい（週に1回とか）なら、消費者向けの発想をしなければならない。すなわち簡単で手軽、そして何よりも使いたくなるように設計されているということだ。過去数年間で成功を収めた消費者向け技術（とりわけソーシャルメディア）の大半は〝シェア〟する技術である。これはすなわち我々のほとんどが常に自分――自分独自の知見、功績、影響力――に興味を抱いていることを示している。だから筆者らはこの新システムによって、自分の最高の部分を探し出し、シェアする場所を人々に提供できればと願っている。

## 最後の課題は透明性

以上が筆者らの現在地であり、これまでに定めた業績管理の根本となる3つの目的である。すなわち業績を認める、業績をはっきりと見る、業績を向上させる、である。そして、それを支援するため相互に絡み合う3つの儀式がある。1つ目は年次の報酬決定、2つ目は四半期ごとの、またはプロジェクトごとの業績スナップ、そして3つ目は週次の聞き取りである。さらに筆者らは、定期的な評価と頻繁な聞き取りを通して、過去を一くくりにして見る方法から継続的に将来を見据える方法へと焦点を移した。

この新しい設計の各要素をデロイト社内で次第に大きな集団に対してテストしていくにつれ、この変

## このデータは報酬を決めるのにどう役立つか

次にこの図ではデータをふるいにかけ、特定の職位の社員だけが見えるようにした。業績管理システムの根本的問題の一つは、報酬格差を正当化できるほど、社員たちの業績の差異をきちんと把握できるかどうかである。この図のようなデータ分布は、より広範な議論の出発点になる。

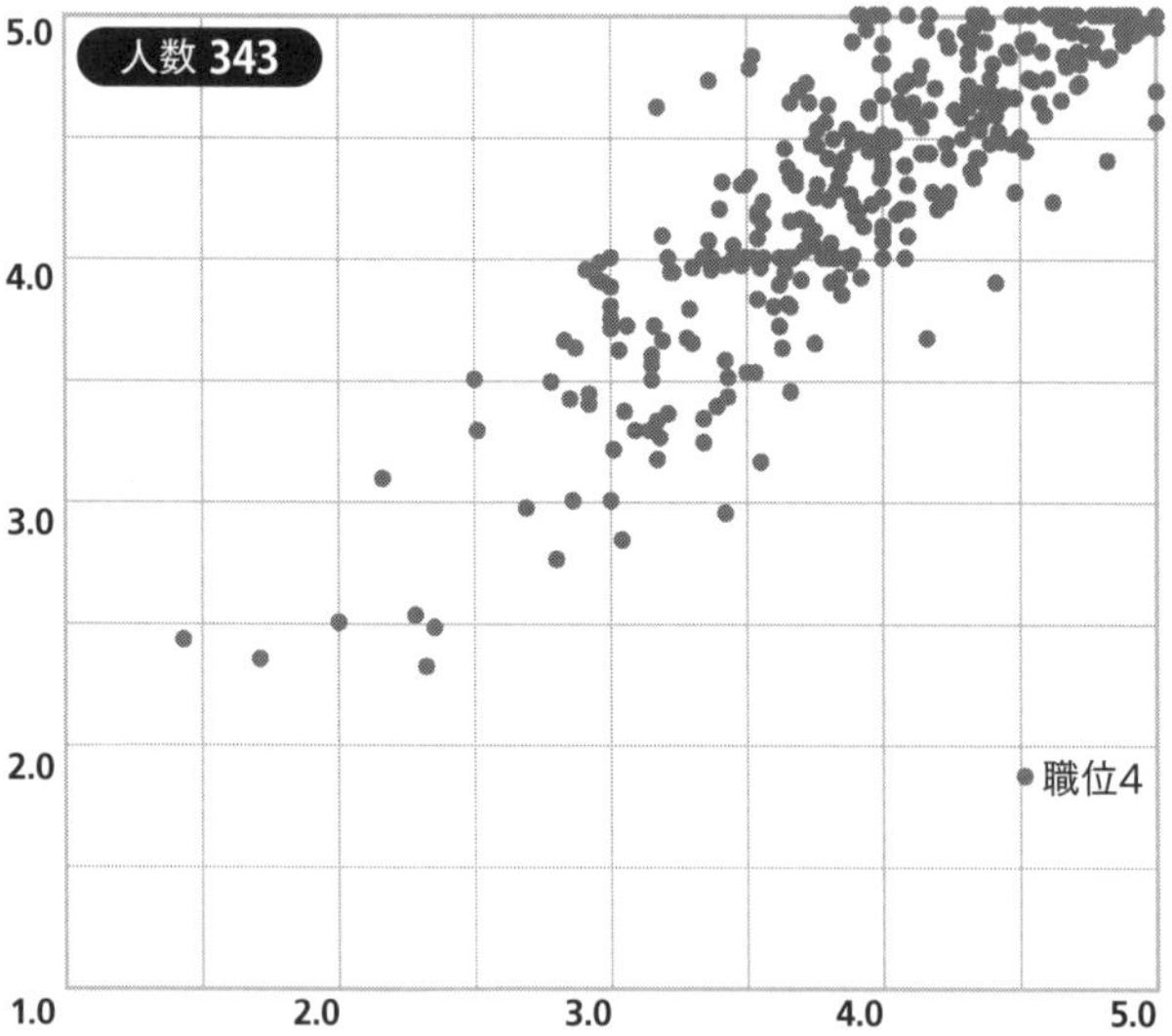


（p.161 に続く）

図表**7** | **業績インテリジェンス**

新しい業績管理システムのコンセプトを試すため初期に行ったテストにおいて、デロイト社内でも大きな業務分野の幹部たちが人材関連の重大な決定を下すため、プロジェクトマネジャーからその業務分野にいる社員たちのデータを集めた。以下のチャートにおいて、各ドットは1人の社員を表す。意思決定を行う幹部はこのドットをクリックすることで、その社員の名前と“業績スナップ”の詳細がわかる。

**チームリーダーは何と言っているか**

最初はグループの全体像を見てみよう。この図には、ある業務分野の社員全員がプロットされており、彼らの複数のプロジェクトマネジャーが、各社員について次の2つの質問にどれだけ同意しているかによって、X軸とY軸の値が決まる。「この人物は常に自分のチームにいてほしい」(Y軸)と「私ならこの人物に最大限の報酬を与える」(X軸)だ。このX軸とY軸は他の図でも同じである。

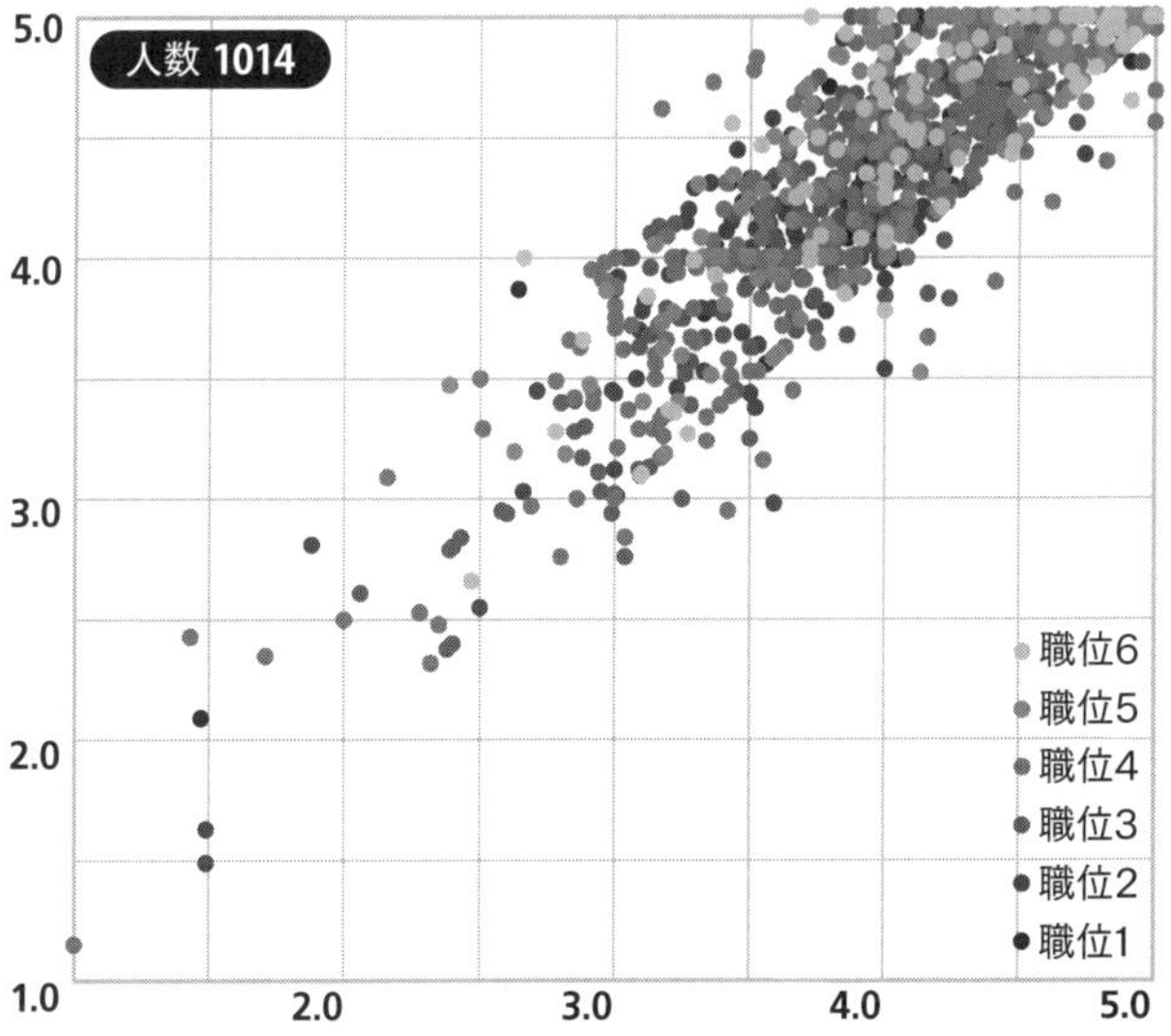

## 業績不振者への対応にどう役立つか

この図は「この人物は悲惨な業績となるおそれがある」という質問にチームリーダーが「はい」と答えた社員だけを示すよう設定してある。図の右側上方を見ればわかるように、業績優秀者でさえも失敗する可能性がある。したがって、組織的に彼らの立ち直りを手助けすることが重要となる。

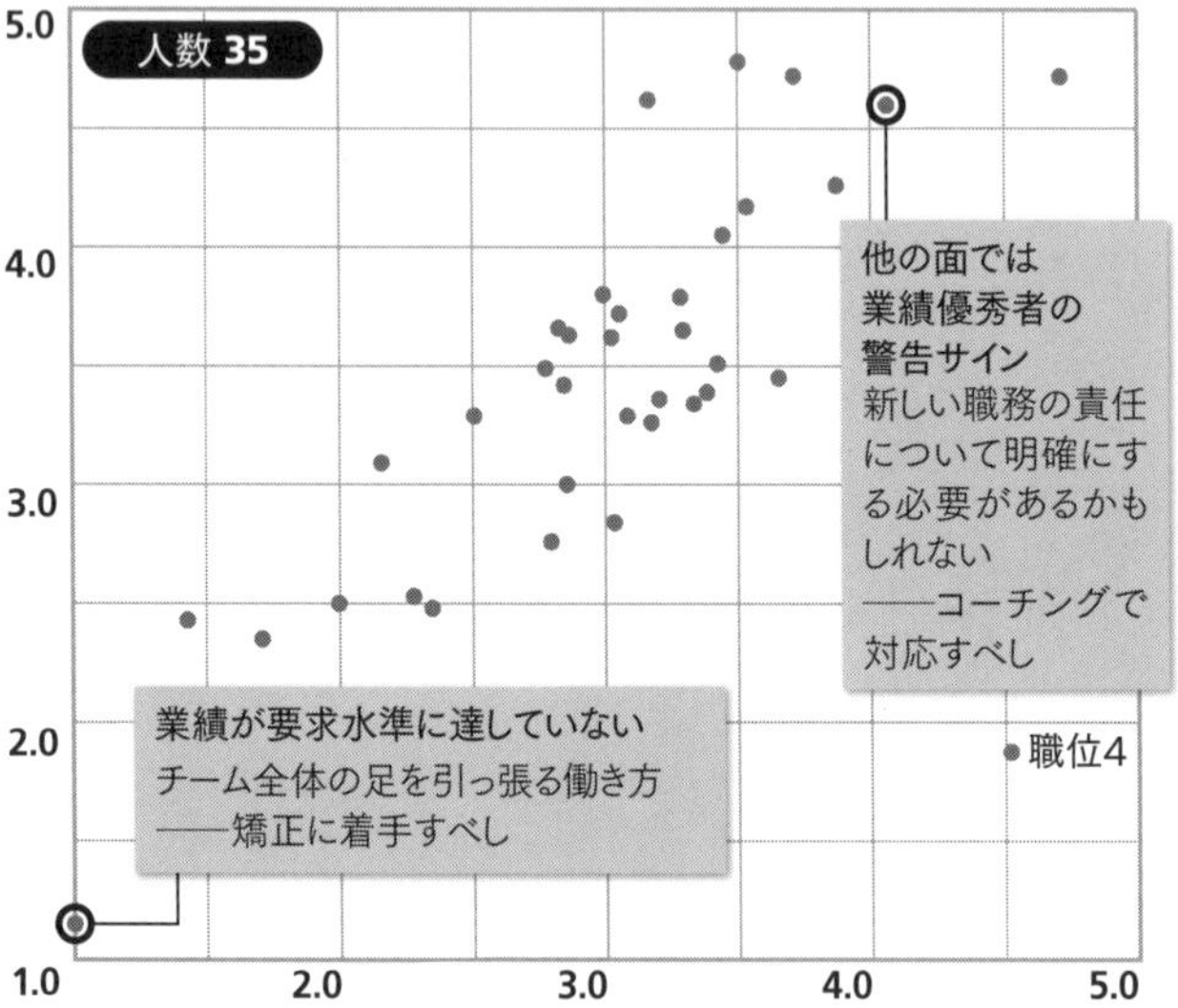

（p.158から続く）

## 昇進の決定にどのように役立つか

この図は「この人物は今日昇進してもおかしくない」という質問に、チームリーダーが「はい」と答えた社員だけを示すよう設定してある。このデータは年に一度の昇進に関する幹部の議論に客観性を与える。

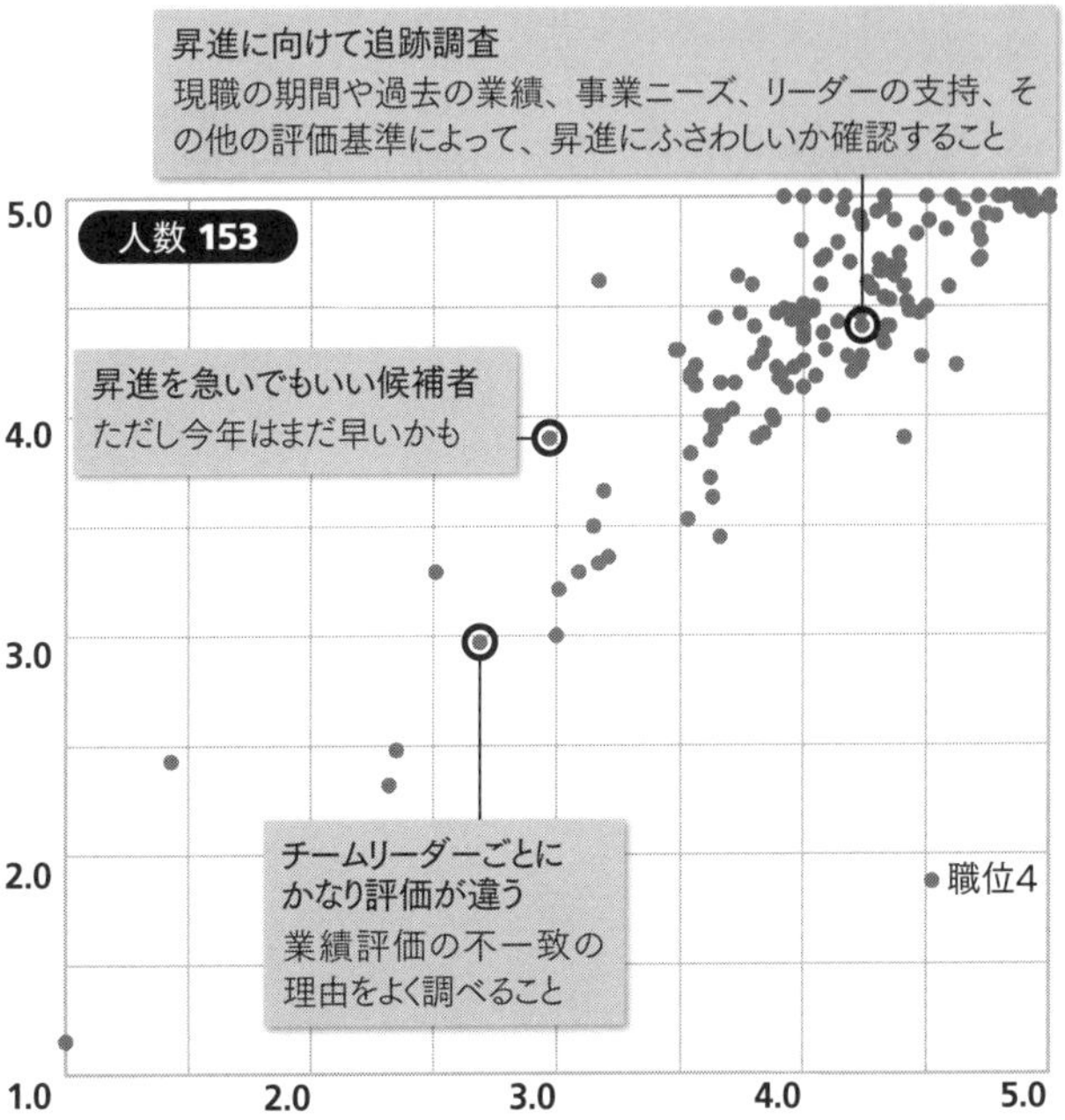

化が時とともに進化ともいえる変革になっていく姿を見ることになった。最初に異なる事業部が長所を重視するようになり、続いて会話の頻度が増し、その次には評価の新しい方法が定着し、最後に業績を監視する新しいソフトウェアが導入される、といった具合だ（図表7「業績インテリジェンス」を参照）。

しかし、この作業をしている間、一つの問題が繰り返し浮上してきた。それは透明性の問題である。組織が筆者らについて何かを知っており、その知識が数値として把握されている時、人は自分の位置付けを知る権利があると感じるのが普通である。この問題には独自の根本的な答えが必要になるのではないかという気がしている。

新設計の最初のバージョンでは、業績スナップの結果をチームメンバーに知らせなかった。というのも、評価を公表するとなると回答が大いにゆがむ、つまり取り繕った回答になることを過去の経験から知っていたからだ。筆者らはフィルターで濾過されていない評価をとらえたいと考えたので、回答は非公開とした。そうしなければ、まさに自分たちが見つけ出そうと追求している真実を破壊するはめになりかねないと心配したのである。

しかし、その真実とは実際のところ何なのだろうか。一人の個人を数字でとらえようとする時、我々は何を見ているのだろうか。スポーツの世界では選手一人につき何ページもの統計数値がある。医師は血液検査をするたびに3ページの報告書をくれる。精神測定ではたくさんの検査と小数点以下の数値が出てくる。しかし仕事の場合、少なくとも業績を数字でとらえようとする時、我々は一人の人間が持つ無限の多様性や微妙な差異を一つの数字で表現しようとしている。

とはいえ、チームリーダーがチームメンバーに調子を聞いたり、チームリーダー同士でメンバーの報酬やキャリアについて検討したりする時、会話によってよりよい理解が生まれることは間違いない。そしてそのような会話は一つのデータ要素をもとになされるより、多くのデータ要素に基づいてなされるほうが役に立つ。相手の位置付けをできる限り正確に伝えたいと願うなら、その相手の多様性をできる限りとらえてからそれについて議論しなければならない。

この問題はまだ解決していないが、筆者らで自問し、試していることを紹介しよう。一人の社員に対する見方で、我々が収集・共有できるもののうち最も詳細なものは何か。そのようなデータがあれば、その社員の業績について話し合う時にどのように役立つか。リーダーたちが洞察に満ちた会話ができるよう、彼らに何を提供すればいいだろうか。我々が現在知りたいことは「あなたの最も簡単な見方」ではなく「あなたの最も豊かな見方」である。

＊　＊　＊

ここ数年、業績管理に関する議論は評価について――評点が公正か否か、最初に決めた目標を達成したか否か――の議論をその特徴としてきた。しかし問題はおそらくそこではない。組織が各個人について知っていることを評点が伝えていない、ということではなく、そのような形で示される知識は悲しいほどに一面的なのだ。

結局、個々人に割り当てる特定の数値自体が問題なのではない。むしろ、一つの数値が存在すること、が問題なのだ。評点は真実の蒸留物である。そして現在に至るまでそれは必要な蒸留物であったと主張する人もいよう。それでもなお、仕事中の自分自身を理解したいと願うし、それを一つの数値に凝縮することは不可能なのだ。

いまや筆者らには、デロイトの社員のスモールデータバージョンからそのビッグデータバージョンへと移行するための技術がある。この新しい業績管理システムをデロイト全社へと拡大するにつれて、次はこの問題こそを解決したいという思いが強まっている。

## デロイトの構築した徹底的にシンプルな業績計測法

新しい業績管理システムで最も大切なツールの一つは〝業績スナップ〟だ。これにより、組織のどこにいる社員についてであれ、信頼できる業績を素早く知ることができるようになり、浮いた時間で社員とのやり取りに、より多くの時間を割けるようになった。以下で〝業績スナップ〟を生み出した方法を説明する。

### ❶基準

筆者らは3つの基準を満たす計測法を探していた。「評価者特異効果」を無効化するため、評価される人の資質や行動ではなく、評価者自身の行為を評価する。必要なバラつきを得るために、質問内容は極端な文言でなければならない。そして混乱を避けるため、それぞれの質問は簡単に理解できるコンセプト一つだけでなければならない。筆者らは報酬について一つ、チームワークについて一つ、業績不振者について一つ、昇進について一つの質問を選んだ。これらの分野が必ず他の組織にもふさわしいとはいえないが、筆者らの組織には役立った。

### ❷評価者

筆者らが探していたのは、個々の社員の仕事ぶりを生で見ており、その人の客観的評価が重要だと思えるような評価者だった。そして筆者らは、評価される社員の仕事ぶりを最も身近で見ているのはチームリーダーであり、その役目からして客観的評価もできるはずだという点で意見が一致した。評価者として部長クラスや同僚さえも含めることもできたが、最初は透明性とシンプルさが大事だと考え、彼らは含めないことにした。

### ❸試運転

次に筆者らは、これらの質問によって役に立つデータが生まれるかどうかを試してみた。有効性テストで重視するのは、質問の難しさ（平均の回答で判断できる）と、回答のバラつき（標準偏差で判断できる）である。「強く同意する」ばかりの回答群が常に出てくるようでは、筆者らが求めるバラつきが得られないだろうとわかっていた。また、「論理構成」の有効性と「基準との相関関係」の有効性も重要である（すなわち、質問が全体として背後にある論理を試すようになっていることと、結果としてエンゲージメント調査など他の手段で計測した結果との間に、相関関係を見つけられることを意味する）。

### ❹頻度

デロイトでは皆がプロジェクト単位で生活し、働いているため、プロジェクト終了時に業績スナップを出すことは理にかなっている。より長期のプロジェクトについては、四半期ごとに業績スナップを出すのが一番よい頻度であると決めた。筆者らの目的は、働きぶりを目にした経験とその評価作業とをなるべく密接に結び付けることと、調査疲れによってデータが劣化しないようチームリーダーに負荷をかけすぎないこととの一番よいバランスを取る点にある。

### ❺透明性

透明性については、試行錯誤の最中だ。筆者らは業績スナップがチームリーダーの〝本当の〟考えをリアルタイムに明るみに出すものであってほしいと思っているが、それでも実際に経験してみてわかったのは、すべてのデータ要素をチームメンバーに公開することをチームリーダーが知っている限り、リーダーたちは面倒くさい対話を避けるために評価を甘くしたいという誘惑に駆られる場合があるということだ。

業績スナップの評点は他の評点と合算して年末の最終評点にすることを皆知っている。だが、厳密に言えば年末には何を公表すべきなのだろうか。公表しなさすぎるほどなら、しすぎるほうがまだいいと思っている。

筆者らは、時間や売上げといった業績評価基準とともに、顧客向け業務のみならず社内プロジェクトの業績スナップの評点も集計し、他の同僚たちと比較できるようにしたいと考えている。そうすれば自分の位置付けについて社員に最大限の豊かな見方を提供できるからだ。この理想にどこまで近づけるか、時が経てばわかるだろう。

第8章

# シニア世代を競争優位の源泉に変える

ミルケン研究所 センター・フォー・ザ・フューチャー・オブ・エイジング 会長
ポール・アービング

"When No One Retires"
HBR. org, November 8, 2018.
邦訳「シニア世代を競争優位の源泉に変える」
『DIAMONDハーバード・ビジネス・レビュー』2019年4月号

**Paul Irving**
ミルケン研究所センター・フォー・ザ・フューチャー・オブ・エイジングの会長。また、アンコールの理事長、南カリフォルニア大学レナード・デイビス・スクール・オブ・ジェロントロジーの特別招聘研究員を兼ねる。

## 「超」高齢化がもたらすのは危機ばかりではない

私たちは人口動態の激変に直面している。多くの国々で高齢化、それも「超」高齢化が進行している。世界的には、2050年までに60歳以上の人口が倍増して20億人を突破し、5歳未満の子どもの数を抜き去ると予測される。

米国では、1日に約1万人が65歳を迎えており、2030年までには、国民の5人に1人が65歳以上になっているだろう。そして2035年には、米国の歴史上初めて、退職年齢に達した人々が18歳以下を人数で上回ると見込まれる。

年齢構成が変化している理由は、医療の進歩による健康寿命の長期化、出生率の低下など多岐にわたるが、その行き着くところは、数十年後には世界の人口構成は現在とは大きく異なっている、という一点に集約される。

公的セクターと民間セクターの両方において、すでに一部の人々はこの状況に目を留めて警告を発している。ベン・バーナンキはFRB（連邦準備制度理事会）議長の1期目、大不況が迫り来る中で「今後、数多くの要因が経済と社会に影響を及ぼすだろうが、ほぼ確実に言えるのは、人口の高齢化ほど広範な影響を持つ要因はほかにないということだ」と述べた。

2010年にはS&P（スタンダード・アンド・プアーズ）が「国家経済の健全性、財政、政策決定

図表**8-1**｜**世界人口の高齢化**

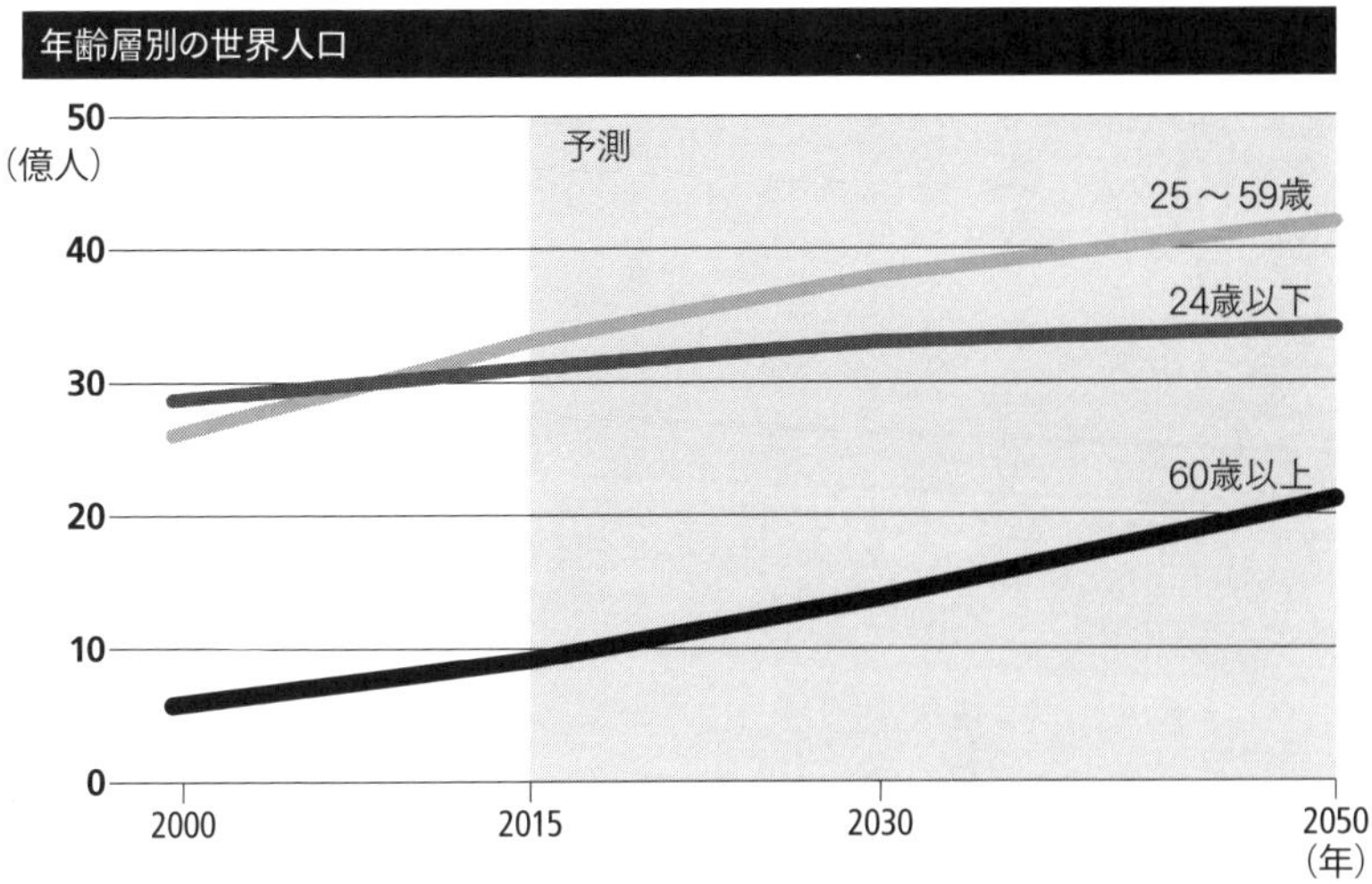


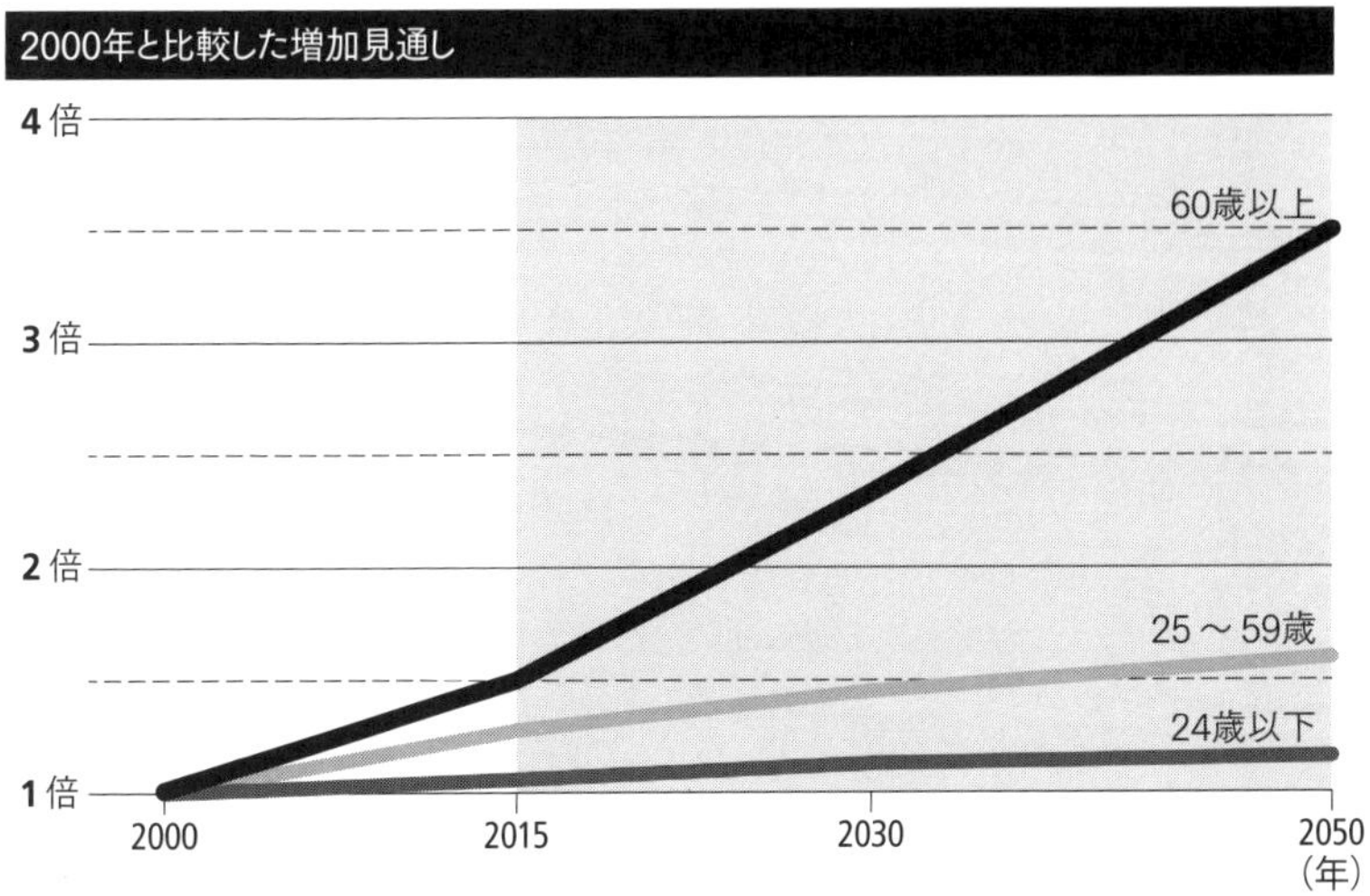


出所：国際連合『世界人口予測：2015年改訂版』

の先行きに最も大きな影響を及ぼすのは、世界人口の高齢化の不可逆的な速さでの進行だろう」という予測を示した。

このような社会の変化は間違いなく仕事にも変化をもたらすはずである。米国人の多くは老後への蓄えが不十分なため、長く働きたい、あるいはそうせざるをえない人々が増えている。ほどなく、10歳代から80歳代までの実に5世代が、労働力を構成するようになるだろう。

企業にその備えはできているだろうか。端的に答えるなら「ノー」である。

高齢化は人材採用、報酬・福利厚生の制度、製品・サービスの開発、イノベーションの実現、オフィスや工場の設計、さらには業務体制に至るまで、事業運営のあらゆる側面に影響を与えるはずだが、なぜか、このメッセージは浸透していない。高齢化によって未曽有の変化が起きそうであるにもかかわらず、企業リーダーは概して、その全貌を理解するために必要な時間も資源も投入していないのである。

そのうえ、人口の高齢化がもたらす影響について考えている人々は一般に、チャンスではなく危機が近づいていると受け止める。高齢層の持つ勤労者や消費者としての可能性を見過ごしているのだ。

ところが実際には、寿命の伸びは世界的な経済成長に寄与する。今日の高齢層は、上の世代と比べておおむね健康状態がよく活動的であり、学び、働き、貢献し続けることによって老後のあり方を変えつつある。

職場には、情緒の安定、複雑な問題を解決するスキル、奥行きのある発想、組織を泳ぐノウハウなどをもたらす。彼らは若年労働者の足りない部分を補い、その指導や支援は業績向上や世代間の協働に役立つ。第一線を退いてからの仕事、ボランティア、市民活動や社交の場では、経験や問題解決力が社会の福利に寄与する。

公的セクターでは政策立案者が行動を起こし始めている。米国では「高齢者に優しい」コミュニティづくり、インフラ改善に向けた戦略立案、健康増進と疾病予防といった取り組みが行われている。同時に、各種年金など従来型の収入源が枯渇する中、老後資金の確保に向けた新たな投資手法の考案も進められている。

ただし、これらの取り組みはいまだ緒に就いたばかりであり、政府の変革ペースが緩やかであることを踏まえると、進展には何年も要するだろう。

対照的に民間企業は、慣習や姿勢を即座に変えられる独特な立場にある。変革は容易ではないだろうが、高齢社員についての先入観を断ち切って人口構成の変化に適応する企業は、多大な利益を手にし、新たな投資収益機会をもたらすとともに、社員と顧客の生活を向上させるだろう。

筆者は経営管理、会社法、取締役会に関わる職務に長年携わってきた。この経験に基づき、さらには、アリエル・バーンスタイン、ケビン・プロフをはじめとするミルケン研究所センター・フォー・ザ・フューチャー・オブ・エイジングの職員とともに、実施した研究に依拠して、何世代にもわたる社員たちが活きいきと働く環境づくりに向けて、「高齢化対応戦略」を構築するためのフレームワークを設けた。

高齢化対応戦略は大まかに述べて、対内的な活動（人材の採用や流出防止、あらゆる年齢層の才能発掘）と、対外的な活動（顧客や利害関係者に向けて、自社とその製品やサービスをどう位置付けるか）という2つの柱で構成すべきである。

まずは、高齢化がもたらす事業機会をリーダー層が見逃しているように思われるため、その理由を掘り下げたい。

## 年齢差別の蔓延が及ぼす企業や社会への悪影響

世界の人口構成が変化し、かなりの高齢化が進行している点については、ほぼ見解が一致している。それが社会に及ぼす影響はおおむね好ましくないものだろう、という意見も支配的である。

米国会計検査院は、高齢化は成長の鈍化、生産性の低下、社会への依存の高まりにつながると警告している。議会予算局の報告書は、高齢化に伴う福祉予算の膨張は収入に対する支出の比率を高め、財政赤字の増大をもたらすと予測する。

世界銀行は、世界経済の潜在力が損なわれるとの見通しの下、2018年には「先進諸国と新興諸国、両方における高齢化という逆風により、労働力の供給減と生産性の伸びの鈍化が見込まれる」と懸念を表明した。このような予測は、高齢勤労者は社会にとってお荷物だという考え方を助長する。

以上のような暗い見通しの根幹を成すのは何だろうか。経済学者は往々にして「依存人口比率」、すなわち生産年齢人口に対する従属年齢人口（一般には15歳未満と65歳以上を指す）の比率を引き合いに出す。

依存人口比率という概念の前提には、「高齢者は通常、生産活動に従事せず、晩年はもっぱら年金を受け取るだけである」という見方がある。この前提が正しいなら、高齢化の進展（「シルバー・ツナミ」

という造語すらできている）への深刻な懸念も、もっともだといえる。病気を抱え、孤独で社会とのつながりを持たず、困窮し、認知能力の衰えた人々がすさまじい数に上るという見通しは、たしかに暗いものである。

しかし、以上のような見方は事実を正しく反映していない。たしかに高齢者の中には、身体能力や認知能力が衰えた人々、あるいは活きいきとしたライフスタイルを維持できない人々もいる。しかし、それよりはるかに多くの高齢者が、健康で活動的な生活を長く送ることができるし、またそうしたいと考えることにより、仕事や生産性に関する見通しの前提を打ち消している。

スタンフォード大学センター・オン・ロンジェビティのローラ・カーステンセンと同僚の研究によると、今日では60歳代の勤労者は、一般に経験豊富で健康状態がよく、仕事への満足度は若い同僚よりも高い例が多いという。職業倫理と会社への忠誠心がともに強い。やる気にあふれ、物知りで、世の中の難題解決に長け、出世よりも有意義な貢献に関心がある。人々を束ねて情報や組織理念を共有する傾向は、若者よりも強い。

とはいえ、頑固な年齢差別が蔓延しているせいで、誤った受け止め方が根強く残っている。後ろ向きのステレオタイプが職場に伝染し、若者志向の文化における高齢者の評価を下げ、高齢勤労者の前向きな姿勢がかき消されてしまう。高齢者は折に触れて、採用、昇進、ひいてはボランティアの機会さえも、自分たちに回ってくるのは最後だと思い知る。

ＡＡＲＰ（全米退職者協会）の調査によると、45～74歳の勤労者のおよそ3人に2人が、職場での年齢差別を見たり経験したりしたと回答している。そのうちの実に92％が、年齢差別は「非常に一般的」

または「まあまあ一般的」だと述べている。

サンフランシスコ連邦準備銀行の調査も、この結果を裏付けている。4万通の履歴書の分析からは、年齢の高い応募者に対する年齢差別はごく一般的であり、女性に対しては特にその傾向が強いという、説得力のあるエビデンスが見つかったのだ。

このような傾向を示す企業の典型例であるIBMは、目下、年齢層の高い社員を過小評価したり辞めさせたりする悪習があったとして、申し立てを受けている。

それだけではない。デロイトが発表した「グローバル・ヒューマン・キャピタル・トレンド2018」によると、アンケートに回答した事業リーダーや人事責任者の20％が、競争の足を引っ張り、若手の成長を妨げる存在として高齢社員を見ていたという。

この報告書は「今日の職場には、年齢に対する偏見という深刻な問題が潜んでいるようだ」と結論付け、「対処を怠れば、『社風と雇用慣行が年齢への偏見に蝕まれている』という認識が広まり、企業のブランドと社会資本に打撃が及びかねない」と警鐘を鳴らす。

メディアや広告は、えてして高齢者を定番のやり方で揶揄するため、そのせいで高齢化を否定的にとらえる風潮が増幅される。典型例は、非常用ペンダントを扱うライフアラート社による1980年代の広告である。高齢女性の「転んで起き上がれない！」というフレーズは、いまなお語り草になっている。

最近ではイートレード証券やポストメイトの広告が、高齢者差別だとして批判の的になっている。美容製品の「アンチエイジング」効果をマーケティング目的で喧伝するのも、「加齢は当然、忌むべきものだ」とほのめかすわけだから、露骨ではないにせよ、やはり害がある。

図表**8-2** | **世界的な高齢化の進展**

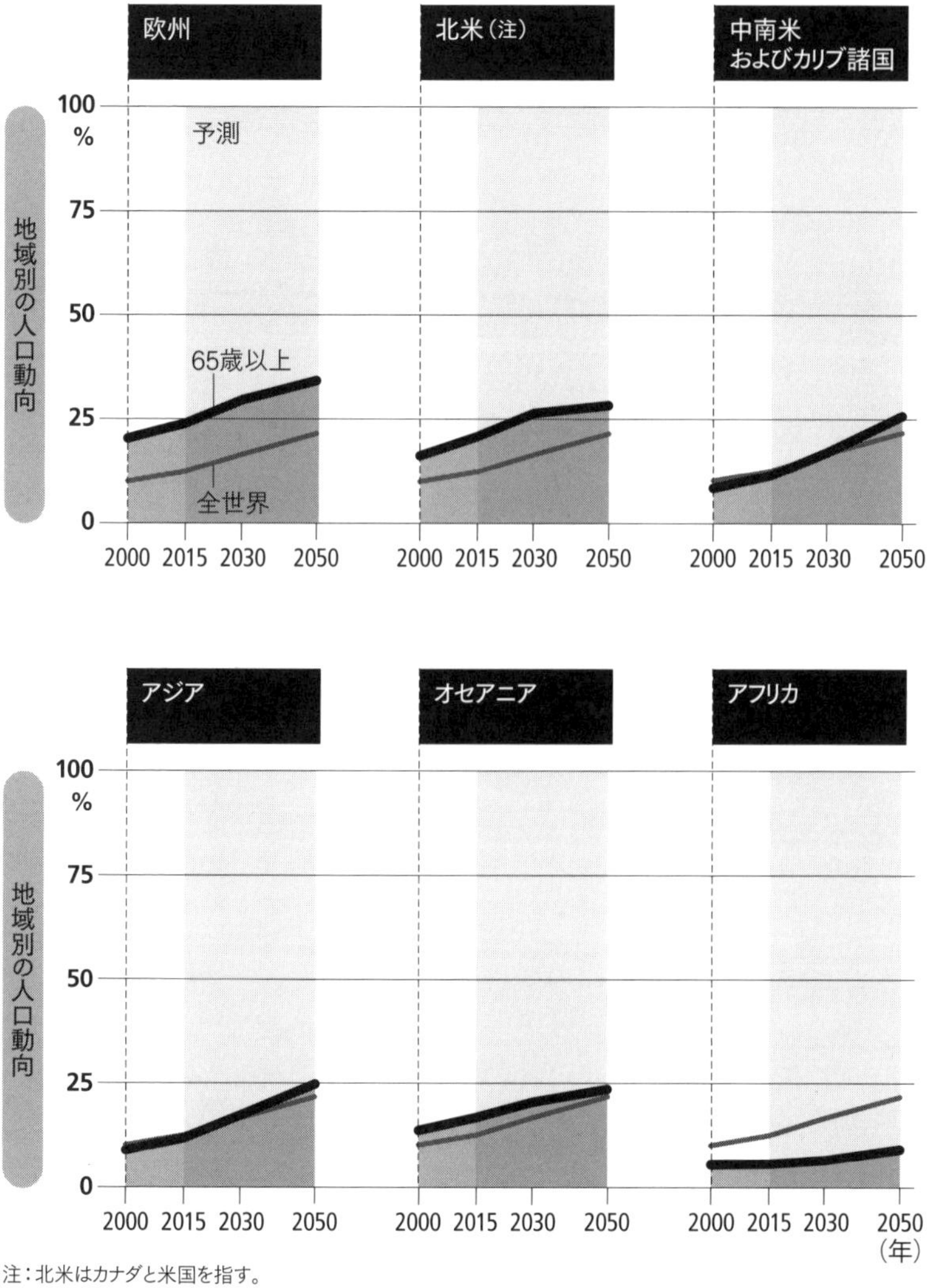


注：北米はカナダと米国を指す。

出所：国際連合『世界人口予測：2015年改訂版』

このような風潮に抗う企業もある。TモバイルUSのCEOであるジョン・レジャーは、55歳以上の顧客向けサービスの宣伝に際して年齢に関するステレオタイプに言及した。電話のボタンの大きさを強調して「ベビーブーム世代はテクノロジーにうとい」と暗に匂わせた、競合他社によるマーケティングキャンペーンを、熟年層を馬鹿にしたものだと批判したのだ。

「これ以上ないほどの侮蔑である。他の通信会社はベビーブーム世代を、インターネットの仕組みを理解できない時代遅れの人々だと見なしている。インターネットを発明したのは彼らであることを、ご存じないようだ」

しかし、たいていの場合、企業は若者のほうにはるかに多くの投資を振り向け、50代以上を対象にした研修は行わない。それどころか、多くの企業は年齢の高い社員についてはまったく考慮しない。このような状況について、AARPのCEOジョー・アン・ジェンキンスは指摘する。

「今日では、性別、人種、性的指向をもとに誰かを無視、冷笑、ステレオタイプ化することは、社会的に容認されない。だから年齢に関しても、そのようなことは許容されるはずがない」

この数十年間に、企業は社内の女性、有色人種、LGBTが自社にもたらす経済的、社会的恩恵に気づくようになった。この層を対象にした優遇措置は継続しなくてはならない。企業が正真正銘の平等を達成するまでの道のりが長いのは、誰の目にも明らかである。

しかも、高齢者を含む形での多様性の実現は、長らく先延ばしにされてきた。マーサーのシニアパートナーで、マルチナショナル・クライアント・グループのグローバルリーダーを務めるパトリシア・ミリガンの言葉を引きたい。

「最も称賛される多国籍企業においても、高齢者だけは、多様性や包摂《インクルージョン》といった施策の対象になっていない。企業内にはLGBT、各民族・人種、女性、身体障害者、退役軍人など、ありとあらゆる会があるが、高齢社員の会だけはいまだにない」

## 高齢者が働きやすい施策は他の年代にも恩恵をもたらす

どうすれば固定観念などの組織上の障壁を排除し、社内の健康で有能な高齢者を活用できるのだろうか。昨今ではベストプラクティスが生まれてきており、一部の企業では状況が著しく前進している。以下に、各社が戦略を立てる際に、具体的にどのような変革を検討すべきかを紹介する。

### 勤務体制の見直し

最初に、全員が土日を除く朝9時から夕方5時まで同じ場所で働くという、時代遅れの発想を問い直す必要がある。「全員が65歳までに完全に引退するのが当然」という考えも捨て去るべきである。代わりに高齢者の能力や意向に合わせて、工夫を凝らしたメンター制度、パートタイム勤務、フレックス勤務、長期休暇制度を設けるのが望ましい。

引退準備やキャリア転換の支援、コーチング、カウンセリング、再雇用などの機会を提供すると、社員が張り切り、仕事の生産性が上がる。実際、高齢勤労者の多くは「フレックス勤務や段階的退職といった制度が利用できるなら、給与面で妥協してもよい」と述べている。

一部の企業はすでに伝統的な働き方に縛られない施策を用意し、成果が上がるよう新しい環境を設けている。

ドラッグストアチェーンのCVSは、高齢者向けに、季節ごとに異なる地域の店舗で就業できる「避寒者」制度を用意した。ホーム・デポは、建設会社や工務店の退職者を何千人も雇い、売り場で彼らの経験を存分に活用している。

50代以上が職員の半数を占める米国国立衛生研究所(NIH)は、この年齢層を対象とした就職説明会で積極的に人材を探し、フレックス勤務、テレワーク、フィットネス教室などの特典や福利厚生を提供している。

スチールケースは、徐々に勤務時間を短くしていく段階的退職制度を設けている。ミシュランは、退職者を再雇用し、プロジェクトの監督、地域社会との関係構築、社員への助言や手助けに当たらせている。

ブルックスブラザーズは、機械やプロセスの設計について、年長の社員に相談するほか、高齢社員がより柔軟に働けるよう、仕事の割り振りを改めている。

## 職場環境を再考する

人間工学の観点から環境を改善し、高齢者に優しい職場を用意するのが望ましい。予防や緩和を怠ったせいで、社員が体のどこかに痛みを抱え、業務に集中できないなどという状況は防ぐべきであるし、ささやかな変更でさえも、健康や安全、生産性の増進に役立つ。

たとえば、ゼロックスは社員の高齢化を踏まえて、筋骨格疾患を減らすための人間工学トレーニングを導入している。

ＢＭＷと日産自動車は、高齢者が作業しやすいように製造ラインに変更を加えている。具体的には、高さの調整や回転ができるバーバー椅子、改良型ツール、複雑な作業や重荷を担う「コボット」(協働ロボット）などを導入した。

幸いにも、高齢社員の仕事のしやすさに配慮した施策は、若手にも恩恵をもたらす。

## 年齢構成への配慮

最後に、部門やチームの年齢構成に配慮し、折に触れて状況を確認する必要がある。多くの企業は、現在はさておき近い将来、5世代にわたる社員をマネジメントする必要に迫られるはずだが、悪しき偏見がこれを難しくしかねない。たとえば、どの世代も有意義な仕事をしたいと望む一方で、「他の世代は稼ぐためだけに働いている」と考えている、という研究結果がある。

企業は社員間に共通の価値観を見出せるよう、注意すべきである。ＫＰＭＧの元ヒューマンリソース担当副会長ブルース・ファウは、こう述べる。

「ミレニアル世代に重点を置いた雇用戦略を追求する企業は、ピントを外しており、時間と資金を無駄にしている。あらゆる世代を雇い、長く働いて力を出し切ってもらうための施策に的を絞ったほうが、はるかに効果的だろう」

世代の異なる社員同士が補い学び合うような仕組みをつくると、企業にとって長期的な繁栄への道が開ける。若い世代は、年長者からの助言により恩恵を受ける。世代間の協働を通して、若手の活力やスピードと、年長者の知恵や経験が結び付いてこそ、その会社の人的資源は将来有望だといえる。

PNCフィナンシャル・サービシズ・グループは、商品のターゲット層のよりよい理解を通して金融市場での競争力を高めるために、多世代チームを活用している。巨大製薬会社のファイザーは、多世代間の協働のメリットを引き出す狙いで「シニアインターン」制度を試行してきた。

テクノロジー業界では、エアビーアンドビーが、熟練支配人の視点で若手を指導してもらうために、ホテル業界の大立者チップ・コンリーを招聘した。

製品・サービスのイノベーションや設計のあらゆる局面で、若手とベテランを組ませると、業務に熟達する機会を生み出すことができる。世代間のつながり、メンタリング、訓練、チームづくりを促進すると、孤立を防ぎ、壁を打ち破るうえで役に立つ。

このような取り組みに乗り出す際には、まずは、あらゆる世代の社員と意見を交わそう。そして、目標、興味関心、ニーズ、悩みなどについて互いに話し合うよう、背中を押すとよい。若手も高齢者も、仕事に関して似たような不安や願いを持っている。かたや違いもあり、それらを全社的によりよく理解する必要がある。

世代間の交流機会や、高齢者と若手がスキル向上や指導を通して互いに助け合う場を探すとよい。結局のところ、誰もが仕事をする必要に迫られ、またそうしたいと考えているなら、ともに働く術を学ばなくてはならないだろう。

図表8-3｜労働力の高齢化は米国でも進展している

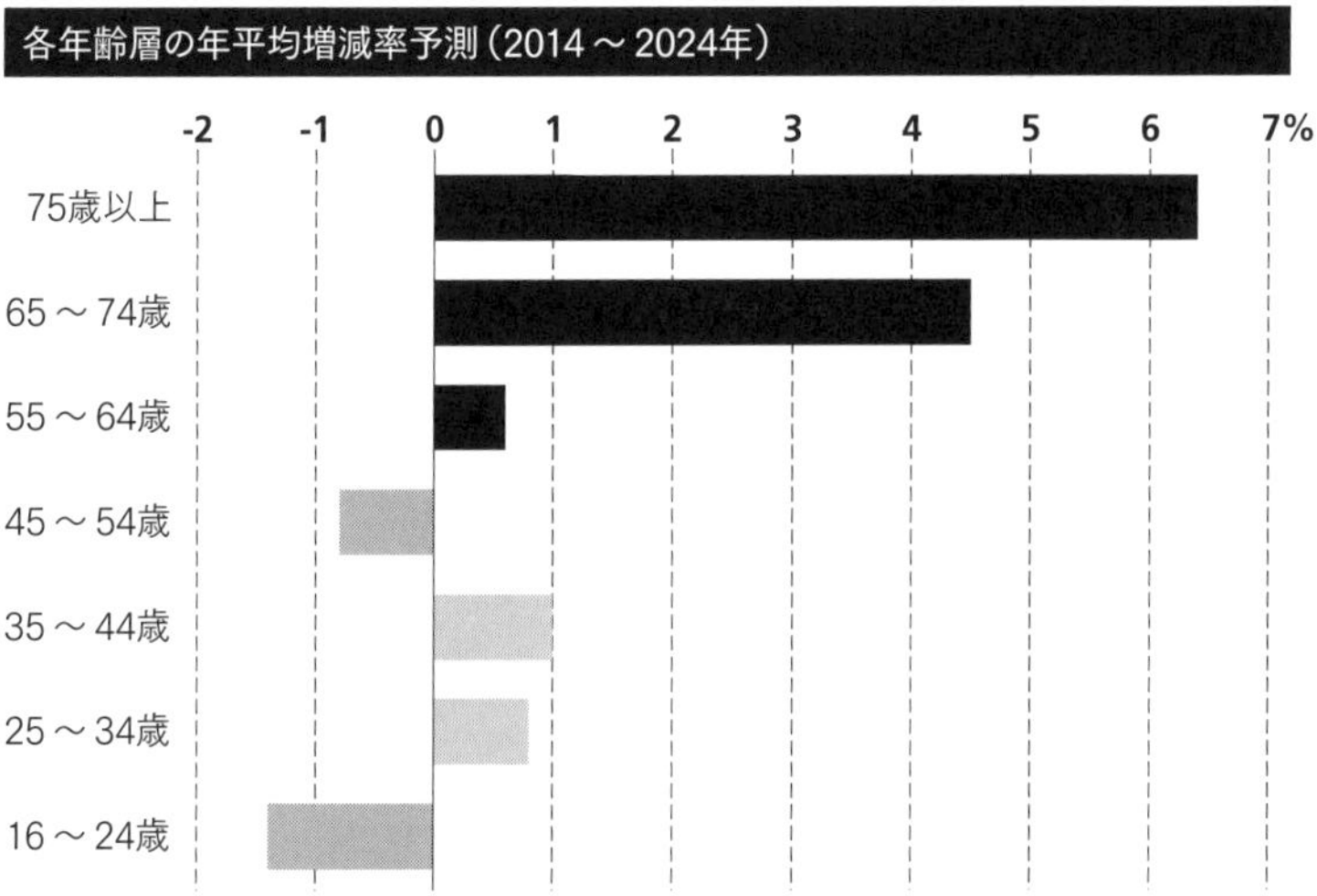


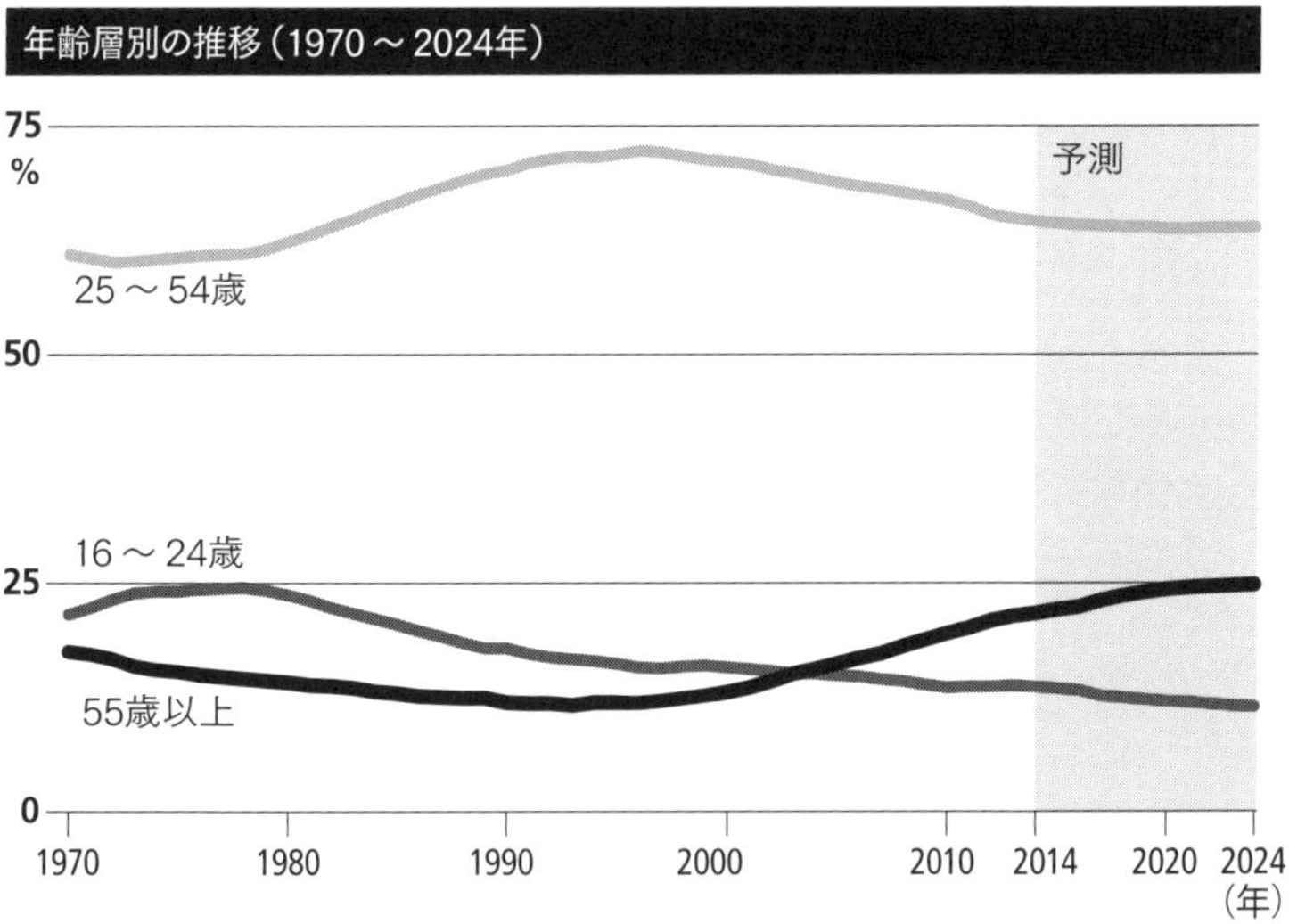


出所：米国労働統計局

はっきりさせておくが、フレックス勤務からチーム構成に至るまで、ここで紹介してきた変革は皆、業務プロセスの再調整を必要とし、その中には社内に深く根付いたプロセスも含まれるはずである。リーダーは「我が社の従来の健康保険、病休、介護、休暇などの制度は、時短社員に適しているだろうか」「業績評価制度は、高齢者の強みを正当に評価して褒賞を与えているだろうか」と疑問を投げかけなくてはいけない。

目下のところは大多数の企業が、チームの成功ではなく、個人の成果に重点を置いている。これでは、助言や指導、顧客や同僚との深い関係性の構築、対立の解消など、従来型の評価制度では把握しにくいタイプの価値をもたらす社員を、うかつにも不利に扱ってしまいかねない。

これに関しても、年配者向けの施策が他の社員にも恩恵をもたらす。たとえば、チーム単位の業績評価を行うと、低収入家庭の出身者を引き上げる効果があるという。

## 先入観を取り払い、機会を創出せよ

すでにおわかりのように、筆者は高齢になっても働くことの利点を強く信じ、企業リーダーが競争優位を築くうえでは高齢化を味方につけられるはずだと考えている。他方、この戦略に伴う課題も認識している。高齢化を味方につけるとは、社風の大変革に乗り出すことを意味しており、これはトップ主導で行わなくてはならない。

とはいえ人口構成の変化はすでに進行しており、この現実を無視するという選択肢はもはやありえない。CEOと上級幹部は、人事、製品開発、マーケティングの各責任者、投資家、現状では無関心かもしれない他の多くの利害関係者とともに、この問題を最重要課題に据える必要があるだろう。

そのためには、胆力と粘り強さが求められる。リーダー層は勇気を出して「年齢が上がるにつれてテクノロジーにうとくなる、という前提は受け入れない」「新規施策には若手だけを登用しよう、という思い付きは退ける」と宣言しなくてはいけない。

この長期的な課題に関して確実に前進を遂げるには、困難なだけでなく、場合によっては人心を得られない決断を下す必要があるだろう。とりわけ、リーダーが目先の成果や要望に追い立てられている状況では、障壁は高くなる。しかし、これこそが偉大なるリーダーが取る行動ではないだろうか。

産業界には企業文化の変革、事業機会の創出、成長の促進に向けた大がかりな運動を推進する機会が訪れている。その過程で企業は、高齢層だけでなく、全年齢層の人生を充実させ、さらには今後の世代の見通しを明るくするだろう。

21世紀の人口構成は変化しており、そこに秘められた可能性を開花させるための以上のような変革は、企業リーダーにとって次の大きな試金石となるはずである。

第9章

# コラボレーティブ・インテリジェンス：人間とAIの理想的な関係

アクセンチュア・ハイパフォーマンス研究所 マネージングディレクター
**H. ジェームズ・ウィルソン**
アクセンチュア 最高技術責任者兼最高イノベーション責任者
**ポール R. ドーアティ**

**"Collaborative Intelligence：Humans and AI Are Joining Forces"**
*Harvard Business Review*, July-August 2018.
邦訳「コラボレーティブ・インテリジェンス：人間とAIの理想的な関係」
『DIAMONDハーバード・ビジネス・レビュー』2019年2月号

**H. James Wilson**
アクセンチュア・ハイパフォーマンス研究所のマネージングディレクター。情報技術およびビジネスリサーチを担当。

**Paul R. Daugherty**
アクセンチュアの最高技術責任者兼最高イノベーション責任者。

2人の共著に *Human ＋ Machine：Reimagining Work in the Age of AI,* Harvard Business Review Press, 2018.（邦訳『HUMAN＋MACHINE 人間＋マシン』東洋経済新報社、2018年）がある。

## 人間とAIは補完し合って最大の成果を発揮する

人工知能（AI）は、病気の診断、言語の翻訳、顧客サービスの提供など、人間の仕事を数多くこなせるようになっており、その改善スピードも速い。これに伴い、いずれはあらゆる分野でAIが人間に取って代わるのではないかとの懸念も生まれている。

だが、それは避けられない結末ではないし、必ずしもそうなるとは限らない。デジタルツールがこれほど敏感に対応してくれる時代はかつてなかったが、一方で我々が自分たちの使うツールにこれほど敏感になった時代もない。誰がどのように仕事をするかという構図がAIによって激変するとしても、このテクノロジーの本領は、人間の能力に置き換わることではなく、人間の能力を補完し、強化することにある。

多くの企業が工程自動化のためにAIを使ってきたのは事実だが、ただ従業員の代わりに利用する企業は、短期的に生産性が上がるだけだろう。1500社を対象にした筆者らの調査によると、企業が最大のパフォーマンス改善を実現するのは、人間と機械が〝協働〟した時である（**図表9-1**「協働の価値」を参照）。

そうした「コラボレーティブ・インテリジェンス」を通じて、人間とAIは互いの補完的な強みを積極的に伸ばすことができる。その強みとは、人間のリーダーシップ、チームワーク、創造性、社交性、

図表**9-1**｜**協働の価値**

人間とAIの協働を最適化すれば、企業の業績が向上する。それを後押しするのは、次の5つの原則である。

❶ビジネスプロセスをとらえ直す。
❷実験や従業員の関与を受け入れる。
❸AI戦略を積極的に指揮する。
❹責任を持ってデータを収集する。
❺AI導入と関連スキル養成のために業務を再設計する。

12業界1075社を調べたところ、AIプロジェクトでこれらの原則を採用すればするほど、スピード、コスト削減、売上高などの指標を改善することができた。

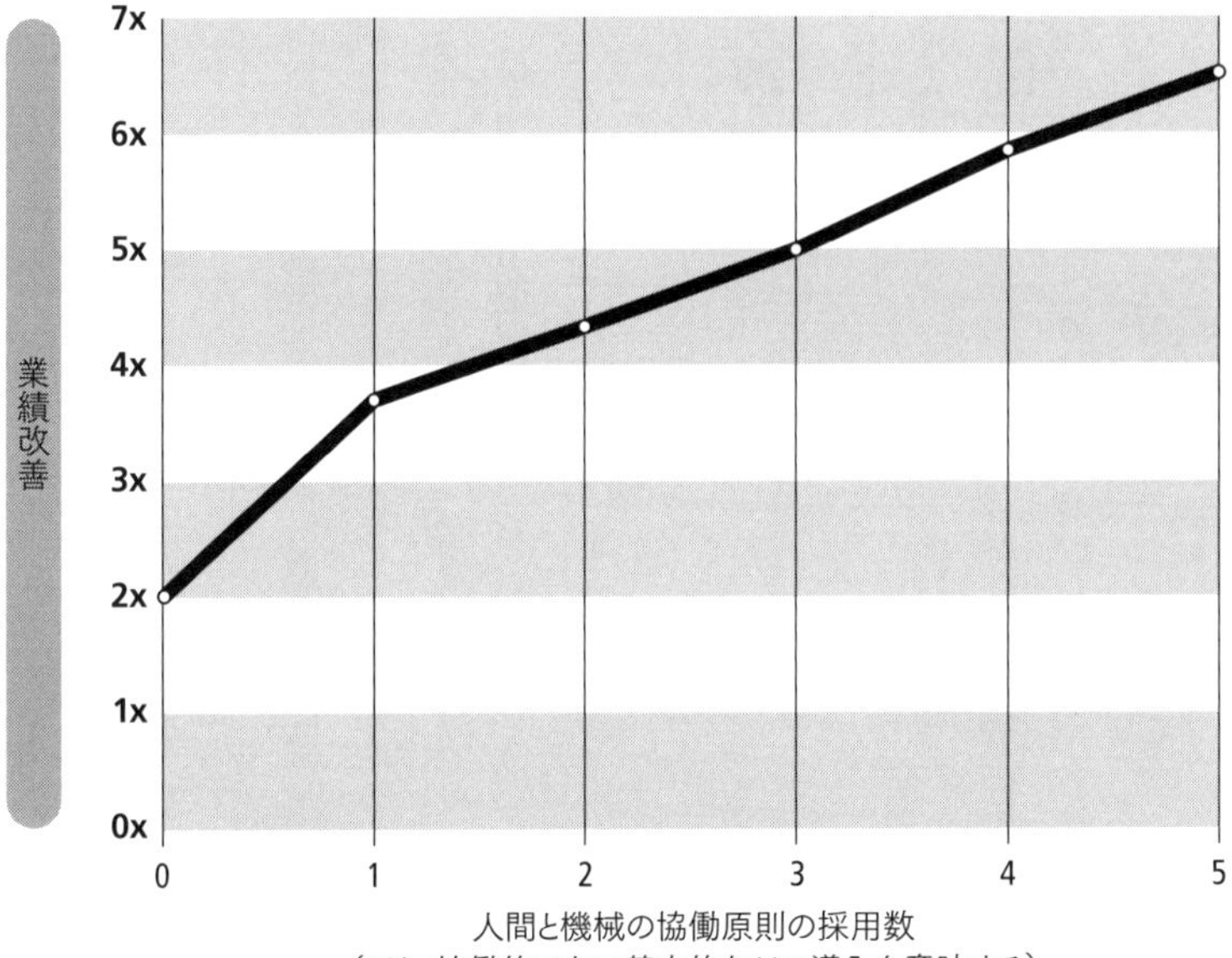
（0は、協働的でない基本的なAIの導入を意味する）

そしてＡＩのスピード、拡張性、量的対応力だ。

たとえば、人間にとってたやすいこと（冗談を言う）が機械には難しく、機械にとっては単純なこと（ギガバイトクラスのデータの分析）が人間にはほとんど不可能である。しかし、ビジネスにはいずれの能力も欠かせないからだ。

この協働をフル活用するには、どうすれば人間が機械の能力を最も効果的に強化できるか、どうすれば機械が人間の得意なことを最大限改善できるか、そして、両者のパートナーシップを支えるためにビジネスプロセスをどう設計し直せばよいかを、企業が理解しなければならない。

筆者らは現場での調査・研究を通じて、企業がこれを実現し、コラボレーティブ・インテリジェンスを機能させるためのガイドラインを作成した。

## 人間が機械を助ける3つの重要な役割

人間は、3つの重要な役割を果たさなければならない。第1に、機械を「訓練」して特定のタスクを実行させること、第2に、そのタスクの結果を「説明」すること（特に、意外な結果や物議を醸す結果が出た場合）、そして第3に、機械の責任ある利用を「維持」する（たとえば、ロボットが人間に危害を加えないようにする）ことである。

## ❶訓練

機械学習アルゴリズムに、想定する仕事の仕方を教え込まなければならない。その際、訓練用の膨大なデータを蓄積し、機械翻訳アプリに慣用表現の扱い方を、医療アプリに病気の見つけ方を、レコメンデーションエンジンに財務意思決定の支援方法を指南する。

さらに、人間との上手なやり取りの仕方をＡＩシステムに教えなければならない。さまざまなセクターの組織では全般的にまだトレーナーの役割を果たし始めたばかりだが、有力な技術系企業や研究組織はすでに熟練のトレーニングスタッフを擁し、訓練の専門知識も備えている。

マイクロソフトのＡＩアシスタント「コルタナ」について考えてみよう。このソフトウェアに正しい個性――自信と思いやりがあって役に立つが、けっして威張らない――を身につけさせるには、相当な訓練を必要とした。詩人、小説家、脚本家を含むチームが、数え切れないほどの時間をかけてこうした特性を教え込んだ。

同じく、アップルの「シリ」（Ｓｉｒｉ）や、アマゾン・ドットコムの「アレクサ」に、それぞれの企業ブランドに合った個性を身につけさせるには、やはり人間のトレーナーが必要だった。たとえばシリは、消費者が抱いているアップルのイメージに近い、ちょっとした生意気さを備えている。

ＡＩアシスタントはいま、もっと複雑で繊細な人間的特性も示せるよう訓練を受けている。たとえば、共感もその一つだ。マサチューセッツ工科大学（ＭＩＴ）メディアラボから生まれたスタートアップ企業Ｋｏｋｏは、ＡＩアシスタントが同情してくれているように見せるテクノロジーを開発した。

たとえば、ユーザーに嫌なことがあった時、Ｋｏｋｏシステムは「お気の毒です」のような判で押したような答えは返さず、詳しい状況を尋ね、問題を別の角度から考えるためのアドバイスをしたりする。もしユーザーがストレスを感じていたら、それを行動につながる前向きな気持ちととらえるよう進言することもありうる。

## ❷説明

ＡＩが不明瞭なプロセスを通じて結論を導くようになると（いわゆるブラックボックス問題）、その道の専門家（人間）が専門家でないユーザーに、ＡＩの振る舞いを説明しなければならない。この「説明者」は、法律や医療など、エビデンスに基づく業界では特に重要である。

たとえば、インプットをＡＩがどのように吟味して、その判決や治療上の提言に至ったのかを、実務家が理解する必要がある。同様に、自動運転車が事故につながる（または事故を回避しない）振る舞いを起こした理由を、警察や保険会社が知るうえでも、説明者は重要である。

また、規制が強い業界でも、説明者は欠かせない存在になりつつある。実際、一般消費者向け産業では、ＡＩのアウトプットは不公正、違法、または単に間違いだとされることがある。たとえばＥＵの新しい一般データ保護規則（ＧＤＰＲ）は、クレジットカードやローンの利率など、アルゴリズムに基づく決定に関して消費者が説明を受ける権利を認めている。

この点では、ＡＩは雇用の増加に貢献する。専門家の試算では、ＧＤＰＲの要件に対応するために、企業は７万５０００の雇用を新しく創出しなければならない。

## ❸維持

ＡＩの出す結果を説明できる人に加えて、ＡＩシステムが適切かつ安全に、責任を持って機能するようたえず目配りする「維持者」も必要である。

たとえば、安全エンジニアと呼ばれることもある多数の専門家が、ＡＩによる損害の予測・予防に焦点を当てる。人と一緒に働く産業ロボットの開発者は、ロボットが近くの人間を認識し、危険にさらさないよう注意を払ってきた。これらの専門家はまた、自動運転車が死亡事故を起こした時など、ＡＩが害を及ぼしてしまった時に、説明者の分析をチェックすることもある。

その他、ＡＩシステムに倫理規範を守らせるための維持者もいる。たとえば、与信承認を扱うＡＩが一定のグループに属する人々に差別的な処遇をしているのがわかったら（実際、そういうことがあった）、この倫理マネジャーが責任を持って問題を調査し、対応策を講じる。

データ・コンプライアンス・オフィサーも同じような役割を果たす。ＡＩシステムに提供されているデータが、ＧＤＰＲなどの消費者保護規制を遵守したものであるよう目を光らせる。

データ使用に関連する役割としては、ＡＩに責任を持って情報管理させる仕事もある。技術系企業の多くがそうだが、たとえばアップルもＡＩを使って、同社のデバイスやソフトウェアを利用したユーザーの詳細な個人情報を集めている。目的はユーザー体験の向上だが、際限なきデータ収集はプライバシーを侵害し、顧客を怒らせ、法律に違反する可能性がある。

そのため、同社の「差分プライバシー」（differential privacy）チームは、ＡＩがユーザーグループについて、統計的な意味でできるだけたくさんのことを知ろうとする一方で、個々のユーザーのプライバシーは保護するような施策を講じている。

## 機械が人間を助ける3つの方法

スマートマシンは、3つの方法で人間の能力拡大を手助けしている。第1に、我々の認知的な強みを増幅させること、第2に、顧客や従業員と交信・交流し、我々がもっと高いレベルの仕事ができるようにすること、第3に、人間の技能を体現して、我々の物理的能力を拡大することである。

### ❶増幅

AIは正しい情報を正しいタイミングで提供することにより、我々の分析能力や決定能力を高めることができるが、それだけでなく創造性を高めることもできる。

たとえばオートデスクの「ドリームキャッチャー」は、優れたデザイナーの想像力をも強化できるAIだ。デザイナーは求められる製品の基準をドリームキャッチャーに知らせる。椅子であれば、最高300ポンド（約130キロ）の重さに耐え、地面からの高さ18インチ（約45センチ）、材料費75ドル未満……という具合である。

また、自分が魅力的だと考える他の椅子に関する情報も与えることができる。すると、ドリームキャッチャーはその基準に合ったデザイン案を何千通りも提出する。考えもしなかったようなアイデアが出てくることも少なくない。デザイナーは、どの椅子が気に入ったか、気に入らないかをドリームキャッチャーに教え、次なるステップへと進む。

こうした反復作業の間、ドリームキャッチャーは、それぞれのデザイン案が指示された基準を満たすよう無数の計算を行う。おかげでデザイナーは、人間ならではの強み——プロとしての判断、美的センス——を活かすことに集中できる。

## ❷交信・交流

人間と機械の協働により、企業は従業員や顧客と、これまでにないもっと効果的な方法で交信・交流できるようになる。

たとえば、コルタナのようなAIエージェントは、会議の内容を書き写し、音声検索可能なバージョンを出席できなかった人に配付するなどして、人々のコミュニケーションを円滑にすることができる。このようなアプリケーションは基本的に拡張性が高い。たとえばチャットボット一つで、さまざまな場所の多数の人々に所定の顧客サービスを同時に提供できる。

スウェーデンの大手銀行SEBは、「アイダ」と呼ばれるバーチャルアシスタントを使って、何百万という顧客とやり取りしている。自然言語での会話ができるアイダは、膨大なデータにアクセスし、口座の開き方、国境を越えた支払いの仕方など、数多くのFAQ（よくある質問）に答えることができる。

また、電話をかけてきた相手にフォローアップの質問をして問題解決を図ることもできれば、電話の相手の声の調子（いらいらしている、感謝しているなど）を分析し、その情報をもとに追って適切なサービスを提供することもできる。

それでも問題を解決できない時は（およそ30％の確率で起きる）、人間の顧客サービス担当者に引き継ぎ、そのやり取りをモニターして将来的に同様の問題を解決するための参考とする。

いずれにせよ、アイダが基本的なリクエストなどに応えてくれるため、人間の担当者は、困っている顧客へのさらなる支援など、もっと複雑な問題への対応に集中できるのである。

### ❸体現

アイダやコルタナといった多くのＡＩは、主にデジタルなものとして存在しているが、他のアプリケーションでは、人間の働き手の能力を強化するロボットに知性が体現されている場合がある。高度なセンサーやモーター、アクチュエーターを備えたＡＩ対応マシンはいまや、人やモノを認識し、工場や倉庫、研究所で、人間と並んで安全に仕事をすることができる。

たとえば製造業の場合、ロボットは危険をはらんだ「黙って決められた作業をする」産業機械から、スマートでコンテキスト・アウェアな（周囲の状況を感知できる）、「コボット」（協働ロボット）へと進化している。コボットのアームが重いものを持ち上げる反復作業を担当する一方、人間はギアモーターの組み立てなど、器用さや人的判断を要する補完的タスクに携わるという具合である。

ヒュンダイはさらに、外骨格を使ってコボットの概念を広げている。こうしたウェアラブルロボットは、ユーザーやロケーションにリアルタイムで適応するため、産業労働者は超人的な耐久力や強さで仕事ができる。

## 5つの特性からビジネスプロセスを見直す

ＡＩから最大限の価値を引き出すには、オペレーションを再設計する必要がある。そのためにはまず、改善可能な業務領域を発見・記述しなければならない。

それは社内の思うようにならないプロセス（人事部が必要なスタッフを採用するスピードが遅い、などかもしれないし、かつては手に負えなかったが、いまはＡＩを使って対応可能な問題（患者集団に対する薬剤の副作用を素早く特定する、など）かもしれない。

さらに、ＡＩをはじめとする数々の新しい先端分析技術は、かつては見えにくかったが、ＡＩでの解決に適した問題を表面化させる効果がある（**章末**「見えない問題を明らかにする」を参照）。

次に、価値共創《コ・クリエーション》を通じてソリューションを生み出さなければならない。つまり、ＡＩシステムとの協働によってプロセスを改善するにはどうすればよいかを、関係者に構想させるのだ。

ある大手農業関連企業のケースを考えてみよう。この会社はＡＩ技術を使って、農家を支援したいと考えていた。土質、天候パターン、過去の収穫高など、データは大量に揃っていた。当初は、将来の収量をもっと正確に予測できるＡＩアプリケーションをつくる計画だったが、農家と話し合う中で、もっと差し迫ったニーズのあることがわかった。彼らが本当に求めていたのは、どうすれば生産性が上がるかをリアルタイムで提言するシステムだった。

たとえば、どの作物を植えればよいか、それをどこで栽培すればよいか、土壌中の窒素はどれくらいの量にすべきか……。同社はそうしたアドバイスを提供するＡＩシステムを開発した。結果は上々で、ＡＩの指導により得られた収穫量に農家の人々は満足していた。

同社はこの初期テストの結果をシステムにフィードバックし、アルゴリズムをさらに改良した。前述の発見ステージと同じく、ＡＩなどの新しい分析技術は、プロセス改善の新たな手法を提案することで、価値共創の手助けができる。

第3のステップは、ソリューション案を拡張し、そのまま維持することである。たとえば、前出のＳＥＢはもともと、1万5000人の行員を支援するためにアイダを導入したが、その後、100万人の顧客にそれを拡大適用した。

何百社と接するうちに、企業が改善したいと考えるビジネスプロセスの特性を筆者らは特定することができた。「柔軟性」「スピード」「規模」「意思決定」「個別化」の5つである（**図表9-2**「パフォーマンスの強化」を参照）。

ビジネスプロセスをとらえ直す際は、希望する変革の核となるのはどの特性か、それに対して知的協業をどのように活用すべきか、他の特性との調整やトレードオフがどのように必要となるかを判断しなければならない。

### ❶柔軟性

メルセデス・ベンツでは、柔軟性のない工程が問題を大きくしていた。同社の最も収益性が高い顧客の間では、Sクラスセダンの個別化を求める声が高まっていたが、同社の組立システムはそうしたカスタマイゼーションの要望に応えられなかったのだ。

伝統的に自動車の製造工程は硬直的で、「黙って決められた作業をする」ロボットが自動化された手順を実行してきた。メルセデスは柔軟性を高めるため、そうしたロボットの一部をAI対応コボットで置き換え、人間と機械の協働を中心に工程を設計し直した。

ドイツ・シュツットガルト近くの工場では、人間の作業員が操作するコボットアームが、まるで体の延長であるかのように重い部品を持ち上げ、取り付け作業を行っている。このシステムによって作業員は、それぞれの車の構造をコントロールしやすくなる。手作業が減り、ロボットを使った操縦のような仕事が増えるからだ。

メルセデスの人間・機械協働チームは、小回りの利く対応ができる。工場のコボットはタブレットPCで容易にプログラムし直せるので、ワークフローの変更に応じてさまざまなタスクをこなすことができる。こうした機動性のおかげで、同社はこれまでにないレベルでカスタマイゼーションを実現できるようになった。

ディーラーでの顧客の選択をリアルタイムで反映して、ダッシュボードのコンポーネントからシートレザー、タイヤバルブキャップまで、あらゆる点で自動車生産を個別化できるのだ。その結果、シュツットガルト工場の組立ラインから出てくる車に二つと同じものはない。

組立ロボットが人間と一緒に安全に働き、自動車をリアルタイムでカスタマイズする。

デザイナーが素材、コスト、パフォーマンス要件などのパラメーターを設定すると、ソフトウェアが新しい製品デザインコンセプトを提案する。

規模や複雑さにかかわらず、あらゆる種類のソフトウェアプロジェクトの分析をAIがサポート。その結果、人間は必要な業務を素早く見極め、専門家を組織し、ワークフローをリアルタイムで修正することができる。

AIがクレジットカードやデビットカードの取引をふるいにかけ、正当な取引をただちに承認する一方、怪しい取引にはフラグを立て、人間に判断を委ねる。

AIがさまざまなITシステムから患者データを集め、専門家の協業スピードを速める。

公共イベント時のビデオ分析によって群衆の行動を予測し、セキュリティ・インシデントに迅速に対応できるようにする。

AIによる自動選考の結果、採用マネジャーが評価する適格候補者プールの規模が飛躍的に拡大。

顧客の基本的なリクエストにボットが応えるため、処理数が倍増し、人間はもっと複雑な問題に集中できる。

コンピュータビジョンシステムの助けを借りて、人間がカジノの全ゲームテーブルをたえずモニターする。

「デジタルツイン」と、診断アプリケーション「プレディクス」が、機器メンテナンスに関する個別の提言を技術者に提供する。

ロボアドバイザーが、リアルタイムの市場情報に基づいて、投資の幅広い選択肢を顧客に提供する。

医師が「ディープペイシェント」システムを使って、患者が特定の病気になる危険性を予測し、予防介入を可能にする。

ウェアラブルAIデバイスが、クルーズ船アクティビティの運営を効率化し、乗客の嗜好を予測。スタッフによる個別サポートを支援する。

パーキンソン病患者向けのウェアラブルセンサーが、症状を毎日24時間休みなく追跡し、個別の治療を可能にする。

AIが顧客データを分析し、人間のスタイリストに助言。それを参考にスタイリストが、顧客一人ひとりに応じたファッションを提案する。

図表**9-2**｜**パフォーマンスの強化**

あらゆるタイプの産業の組織で、人間とAIが協働し、ビジネスプロセスの5つの要素を改善している。

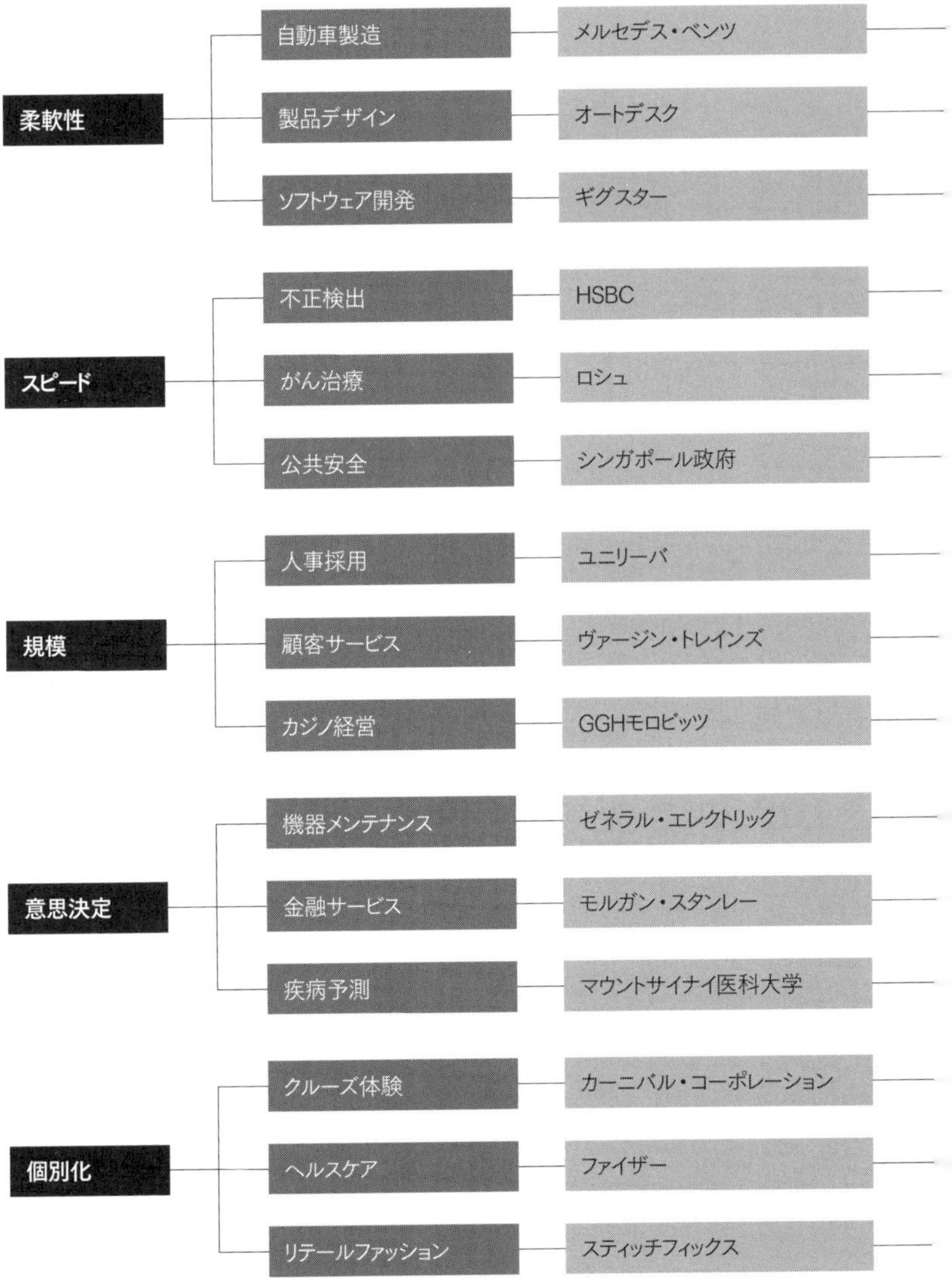

## ❷スピード

事業活動の種類によっては、スピードが何よりも重視される。クレジットカード詐欺の発見もその一つである。ある取引を承認するかどうかを一瞬で判断しなければならない。もし不正利用なら、その損失を負担しなければならないからだ。だが、もし合法的な取引を拒絶したら、手数料が入らないうえ、顧客を怒らせてしまう。

大手銀行はたいていそうだが、HSBCも不正検出のスピードと精度を高めるAIベースのソリューションを開発した。AIは毎日何百万という取引を監視・評価する。購入場所や顧客の振る舞いに関するデータ、IPアドレスなどの情報を使って、不正が疑われる微妙なパターンを特定する。米国でまずこのシステムを導入したところ、不正を見逃す確率や誤判定となる確率が大幅に低下したため、英国とアジアにも拡大導入した。

デンマークのダンスケ銀行が利用する別のAIシステムは、不正検出率を50％高め、誤判定を60％減らす効果があった。誤判定の数が減ると、調査担当者は、AIがどちらともいえないと判定し、人間の最終判断が必要となる取引にもっぱら労力を割くことができる。

金融詐欺との戦いは軍拡競争に似ている。検出能力が向上すると、犯罪の手口はより巧妙になり、するとまた検出能力が向上し……というサイクルが続く。したがって、不正検出のアルゴリズムや評価モデルは寿命が短く、たえず更新する必要がある。

さらに、国や地域が違えば、使用するモデルも違う。こうした理由から、人間と機械の接点には、ソフトウェアが常に犯罪者の一枚上を行くよう、多くのデータアナリスト、IT専門家、金融詐欺対策の専門家が必要とされる。

### ❸規模

多くのビジネスプロセスにとって、拡張性の乏しさが改善・改良の大きな障害となる。特に、たくさんの人手に頼り、機械の支援が少ないプロセスの場合はそれが当てはまる。

たとえば、消費財大手のユニリーバの社員採用プロセスを見てみよう。同社は17万人規模の従業員を多様化する方法を模索していた。それには、新入社員に焦点を合わせたうえで、優秀な人材を経営陣に引き上げる必要があると人事部は考えた。

ところが、既存のプロセスでは、一人ひとりの志望者に個別に注意を払いながら、多様な優れた人材を確保できるだけの人数を評価することができなかった。

そこでユニリーバは、個別採用の規模を拡大するため、人間とAIの能力を組み合わせた。まず、志望者に、リスク回避などの特徴を評価できるオンラインゲームをしてもらう。ゲームに正解・不正解はないが、特定の職種にどの人が一番向いているかをAIが判定するのに役立つ。

次に、志望者にビデオを提出してもらう。彼らはその中で、自分が関心を持つ職種向けの質問に答える。AIがその回答を分析するが、その時、発言内容だけでなく、ボディランゲージや声のトーンも考慮する。こうしてAIが選んだ優秀者を会社に呼んで面接し、その後、人間が採用の最終的な判断を下す。

この新しい採用プロセスによって、社員の質が向上したかどうかは、まだわからない。ユニリーバは入社後の社員の実績を追跡しているが、まだまだデータを蓄える必要がある。ただし、同社の採用活動の規模が大幅に拡大したのは間違いない。求職者がスマートフォンで簡単にこのシステムにアクセスできるせいもあって、志望者の数は1年もしないうちに3万人に倍増した。

出身大学の数も840から2600に急増し、新規採用者の社会経済的多様性が高まった。さらに、志望から採用決定までの平均時間は4カ月からわずか4週間に短縮し、採用担当者が志願者について検討する時間は75％も減少した。

### ❹意思決定

ＡＩは、個々の必要性に応じた情報や指示を提供することで、社員の意思決定の向上を手助けできる。これは特に、現場の最前線で働く人にとって価値がある。正しい判断をできるかどうかが、利益に大きな影響を及ぼすからだ。

「デジタルツイン」（物理的機器のバーチャルモデル）を用いて機器のメンテナンスを改善している様子を見てみよう。ゼネラル・エレクトリック（ＧＥ）は、タービンをはじめとする自社の産業用製品について、そうしたソフトウェアモデルを構築し、機器から実際に得られる稼働データでそのモデルを、たえず更新している。

現場の数多くの機械から得られるデータを収集することで、ＧＥは正常・異常なパフォーマンスに関する情報を豊富に蓄積している。機械学習アルゴリズムを用いた「プレディクス」というアプリケーションは、いまや、個々の機械の特定部品がいつ頃故障しそうかを予測できる。

このテクノロジーは、産業用機器のメンテナンスという、多くの意思決定が関わるプロセスを様変わりさせた。プレディクスはたとえば、タービンのローターの思わぬ摩耗を特定し、そのタービンの稼働履歴を調べ、この数カ月で損傷が4倍になったことを報告し、何もしなければローターは耐用年数の7割を失うだろうと警告することができる。

次いで、その機械の現状、作動環境、他の機械の同様の損傷・修理に関するデータなどを参考に、適切な対応策を提言することができる。合わせて、提言内容に関わるコストや経済的メリットを算出し、分析で用いた仮定の信頼度（95％など）を提示することもできる。

プレディクスがなければ、定期保守点検では、ローターの損傷が運よく見つかるかどうかだろう。ローターが故障するまで損傷が見つからず、結果的に機械が停止し、多額のコストがかかってしまう可能性もある。

その点、プレディクスがあれば、保守担当者は潜在的な問題点が深刻化する前に察知し、正しい判断に必要な情報を手にできる。これにより、GEは何百万ドルというコストを節減できることもある。

### ❺個別化

それぞれの顧客に応じたブランド体験の提供は、マーケティングの究極の目標である。AIのおかげで、そんな個別化もかつては考えられなかった精度で大規模に実現できるようになった。

たとえば、音楽ストリーミングサービスのパンドラは、AIアルゴリズムを使って、何百万というユーザー一人ひとりの音楽、アーティスト、ジャンルの好みに応じた個別のプレイリストを作成している。

また、スターバックスでは、顧客の承認を得たうえで、ＡＩを使って彼らのモバイルデバイスを認識し、その注文履歴を呼び出して、バリスタがメニューを提案する際の一助としている。

このように、ＡＩテクノロジーはＡＩが最も得意なことを行い（大量のデータをふるいにかけて処理し、一定のサービスや行動を提案する）、人間は人間が最も得意なことをする（直感や判断力を駆使して提言をする、選択肢の中から最善のものを選ぶ）のである。

カーニバル・コーポレーションはＡＩを使って、何百万という休暇旅行者のクルーズ体験を個別化している。具体的なツールは「オーシャン・メダリオン」と呼ばれるウェアラブルデバイスと、スマートデバイスの接続を可能にするネットワークである。

メダリオンならびに船内各所のセンサーやシステムからのデータを、機械学習によってダイナミックに処理し、乗客が休暇を最大限楽しめるようにする。メダリオンは乗船・下船プロセスを効率化し、乗客の活動を追跡し、彼らのクレジットカードをデバイスにつなげて買い物を便利にするほか、ルームキーの役目も果たす。

また、乗客の嗜好を予測するシステムに接続し、その人に合ったアクティビティプランや食事体験を提案、乗員が乗客一人ひとりに個別サービスを提供できるようにしている。

## 人間とＡＩをつなぐ融合スキルがカギ

ビジネスプロセスのとらえ直しには、AI技術の活用だけでなく、筆者らの言う「融合スキル」を備えた人材の育成にも注力する必要がある。ここで言う融合スキルとは、人間と機械の接点で効果的に力を発揮するためのスキルである。

まず従業員は、AIという新しいテクノロジーに仕事を任せることを学ばなければならない。医師がコンピュータを信頼し、その助けを借りてレントゲンやMRIを読み取るのと同じである。

従業員はまた、ロボット支援手術のように、人間ならではのスキルとスマートマシンのスキルを組み合わせて、単独の場合よりも優れた成果を出す方法を知らなければならない。

作業者はAIに新しいスキルを教えることができなければならず、また、AIで強化されたプロセスの中でうまく仕事をするためのトレーニングを受けなければならない。

たとえば、必要な情報を得るため、AIにどのように質問するのが一番よいかを知らなければならない。そして、アップルの差分プライバシーチームのように、会社のAIシステムが責任を持って利用され、違法な目的や非倫理的な目的で使われないようチェックする従業員がいなければならない。

将来的には、企業の役割は、新しくとらえ直したプロセスを通じて望ましい成果を出せるよう、再設計されるだろう。そして企業は、硬直的な肩書きや役職ではなく、さまざまな種類のスキルを中心に組織編成されるだろう。

AT&Tは、すでにそうした変革に着手している。固定電話サービスからモバイルネットワークへの事業シフトに伴い、10万人の社員を新しいポジション向けに再教育し始めている。その一環として、組織図を一から見直し、約2000の役職を、同じようなスキルを含む少数の幅広いカテゴリーに再編した。

それらのスキルの中には、ごく当たり前のもの（データサイエンスやデータ・ラングリングの技能など）もあれば、比較的特殊なもの（シンプルな機械学習ツールを使ってサービスをクロスセルする能力など）もある。

＊　＊　＊

人間と機械の接点で生じるほとんどの活動において、人はこれまでと違う新しいことを行う（チャットボットを訓練するなど）必要があるし、物事をこれまでと違うやり方で行う（そのチャットボットを使って顧客サービスを向上させる）必要もある。

しかし、ここまでのところ、筆者らが調べた企業で、コラボレーティブ・インテリジェンスの最適化へ向けて、ビジネスプロセスのとらえ直しに着手したところは極めて少ない。だが、学ぶべき教訓は明らかである。

従業員を機械に置き換えて自動化するだけの組織は、ＡＩのポテンシャルを十分に活用できない。そのような戦略は最初から間違っている。

明日のリーダーと呼べるのは、コラボレーティブ・インテリジェンスを受け入れ、自分たちのオペレーションや市場、業界を変革し、さらに同じぐらい重要なこととして、従業員を変革していくリーダーである。

## 見えない問題を明らかにする

米国防長官を務めたドナルド・ラムズフェルドが「既知の知」「既知の未知」および「未知の未知」（知らないということさえ知らないこと）を区別したのは、よく知られた話である。

企業の中にもＡＩを使って、自分たちの事業の「未知の未知」を明らかにしているところがある。たとえばＧＮＳヘルスケアは、機械学習ソフトウェアを使って、患者のカルテなどのデータの間に見過ごされた関係がないかを探っている。

何らかの関係が明らかになったら、ソフトウェアはそれを説明する仮説をいくつも導き出したうえで、どれが最も可能性が高いかを提示する。おかげで同社は、未整理のカルテに隠された新たな薬物相互作用を知ることができた。

ＣＥＯのコリン・ヒルは、これは俗に言うデータマイニングで関連を探す作業ではないと指摘する。

「当社の機械学習プラットフォームは、単にデータのパターンや相関を見つけるのではなく、きちんと因果関係を発見するのです」

第 **10** 章

# 差別の心理学：ダイバーシティ施策を成功させる方法

ハーバード大学 教授
**フランク・ドビン**
テルアビブ大学 准教授
**アレクサンドラ・カレフ**

**"Why Diversity Programs Fail"**
*Harvard Business Review*, July-August 2016.
邦訳「差別の心理学：ダイバーシティ施策を成功させる方法」
『DIAMONDハーバード・ビジネス・レビュー』 2017年7月号

**Frank Dobbin**
ハーバード大学教授。専門は社会学。

**Alexandra Kalev**
テルアビブ大学准教授。専門は社会学。

## ダイバーシティ施策は効果を上げているのか

金融業界を震撼させた複数の訴訟騒ぎが世間で注目されてから、企業はダイバーシティ（多様性）にいっそう配慮するようになった。１９９０年代末から２０００年代初頭にかけて、モルガン・スタンレーは性差別訴訟の和解金として５４００万ドル、スミスバーニーとメリルリンチはそれぞれ1億ドル以上も支払った。モルガン・スタンレーは２００７年にまたも集団訴訟を起こされ、４６００万ドルを失った。バンクオブアメリカ・メリルリンチは２０１３年、人種差別訴訟の和解金として1億６０００万ドルを支払った。この15年間で、メリルリンチがこうした訴訟で支払った総額は5億ドル近くにも及ぶ。

このため、いまやウォールストリートの企業は、新規採用者にこの手の集団訴訟には加わらないとする仲裁協定へ署名するように要求している。また、研修その他のダイバーシティに関する取り組みも拡充してきた。

しかし結局のところ、金融機関であれ他の業種の組織であれ、平等化は進んでいない。米国の商業銀行のマネジャーに占めるヒスパニック系の比率は、２００３年の４・７％から２０１４年の５・７％へと増加したが、白人女性の比率は39％から35％、黒人男性の比率は２・５％から２・３％へと減少した。投資銀行の場合は、業界全体が縮小しているため分析が複雑になるが、数字はさらに芳しくない。従業員１００人以上の米国企業全体では、マネジャーに占める黒人男性の比率は、１９８５年の３％から

2014年の3・3%へとわずかに増加したのみである。白人女性の比率は、1985年の22%から2000年の29%へと大きく上昇したが、それ以降はほとんど増えていない。シリコンバレーでは、多くのリーダーが事業のためにも社会的正義のためにもダイバーシティを高める必要性を喧伝しているが、それでも主力となる技術職は白人男性が多数派を占めたままである。

ダイバーシティへの取り組みの大半が、ダイバーシティを高めていないとしても驚くに値しない。ビッグデータのおかげで多少の目新しい機能が加わったけれども、基本的には1960年代から使ってきた旧態依然のアプローチで何度も何度も勝負に出ているだけなのだ。

この手の手法は、事態を改善するどころか悪化させることのほうが多い。企業は長年にわたり、職務、登用試験、業績評価における偏見を減らすために、採用や昇進時の偏見を抑制するダイバーシティ研修を活用してきた。従業員たちにマネジャーへの道を開くための施策としては苦情申し立て制度に頼っていた。いずれも、マネジャーの考え方や行動を取り締まって訴訟を未然に防ぐように設計された手法である。

ところが、この種の強制的手法は偏見を根絶するどころか、むしろ強化しかねない。そのことは実験に基づいた研究で明らかになっている。社会科学者によると、人間はみずからの自律性を主張するために規則に反発することが多いという。もし、筆者らがあれこれ強制されたら、独立した人格の持ち主であることを証明すべく、かえって真逆のことを行うだろう。

800社余りの米国企業から収集した30年にわたるデータを分析し、数百人のラインマネジャーおよび企業幹部に詳細なインタビューしたところ、取り締まりを緩めたほうがよい結果が出ることがわかった。マネジャーをダイバーシティの問題解決に当たらせることや、マネジャーが業務中に女性やマイノリティの労働者と接する機会を増やすこと、社会的説明責任を醸成してマネジャーが公平な人間だと思われるように仕向けることのほうがより効果的なのだ。

だからこそ、照準を定めたカレッジリクルーティング（採用担当者が主要大学のキャンパスを訪問し、大学推薦を受けた学生を訓練生として採用する方法）や、メンター制度、自己管理チーム、特別チームといった介入方法は、企業のダイバーシティを高めることができた。ただし、最も効果的な解決法の中には、本来はダイバーシティ向けに考案されていなかったものも含まれる。

筆者らはデータやインタビュー、企業の事例を丹念に調べ、何が有効で何が無効かを明らかにした。その結果を次に紹介しよう。

## なぜ単純に偏見をなくせないのか

ダイバーシティに取り組む際、企業幹部は古典的な指令・制御《コマンド・アンド・コントロール》手法を好む。その理由は、何をすべきで、何をしてはならないか、求められる行動がはっきりと示されるので、理解や防御が容易だからだ。

しかしながらこの手法は、人間が変わるための動機付けに関する、筆者らが知りうる知識のほぼすべてに反している。数十年に及ぶ社会科学の研究で明らかになったのは、ごく単純な真理だ。すなわち、規則を課して再教育を施すという方法でマネジャーを責めたり、その面目を潰したりしても、彼らを本気で取り組ませることはできないのだ。最も一般的なトップダウン型の試みがうまくいかない理由を見ていこう。

### ダイバーシティ研修

研修を受けた者は通常、偏見を持たなくなるのだろうか。この問いに関する研究は第2次世界大戦以前から行われており、その数は1000件近くにも及ぶ。これらの研究によって、人々は偏見にどう対処すべきかについて模範解答を容易に得られるものの、すぐにそれを忘れてしまうことがわかった。ダイバーシティ研修による好ましい効果が1日あるいは2日以上持続することは稀であり、多くの研究が示すところでは、研修によって偏見が助長されたり、反発が起きたりするおそれがある。にもかかわらず、中規模企業の半数近く、フォーチュン500企業のほぼすべてがダイバーシティ研修を行っているのだ。

多くの企業で逆効果が見られる。その理由の一つに、4分の3の研修で否定的なメッセージが使われていることが挙げられる。ダイバーシティ関連の訴訟に重点を置き、莫大な和解金の話を持ち出して暗に脅しをかける。「差別をすると、当社は代償を支払うはめになりますよ」というわけだ。そうしたくなる気持ちはわかる。筆者らも本稿の冒頭でそうやって注意を引き付けたからだ。しかし、脅しや「否定的な動機付け」で人を変えることはできない。

もう一つの理由は、研修を実施している企業のおよそ4分の3が、故R・ルーズベルト・トーマス・

ジュニアのようなダイバーシティの権威が語った、時代遅れのアドバイスに依然として従っているからである。彼はよく次のように述べていた。「ダイバーシティの管理が組織の戦略であるならば」、ダイバーシティ研修は必修にすべきであり、「それに取り組めない者には辞職勧告もやむなし」という態度を経営陣は明確にしなければならない、と。

しかし、マネジャーを対象とした強制的研修の導入から5年経っても、白人女性、黒人男性、ヒスパニック系がマネジャーに占める比率は是正されなかった。それどころか、現に黒人女性の比率は平均で9％減少し、アジア系米国人の男性および女性の比率は4～5％落ち込んだ。研修講師に聞いたところ、コースが必修であることに怒ったり反発したりする人も多く、実際に参加者の多くが、研修後に他の集団に対する敵意が増したと報告している。

これに対し、任意の研修は真逆の反応（「私は参加することを選んだのだから、ダイバーシティを推進しなければならない」）を引き起こし、よい結果につながる。黒人男性、ヒスパニック系男性、アジア系米国人の男性および女性がマネジャーに占める比率は、5年間で9～13％増加する（白人女性や黒人女性の比率が減少することもない）。

トロント大学の調査が、筆者らの洞察を裏付けている。ある研究で白人被験者に黒人への偏見を批判するパンフレットを読ませたところ、それに賛同するようにという圧力を被験者が感じた場合は、パンフレットを読むことで黒人への偏見が強化された。かたや、賛成しようがしまいが自由だと感じた場合には、偏見が減ったのである。

研修が矯正措置であるかのようなメッセージを発する企業があまりにも多い。ある全国的飲料会社のダイバーシティマネジャーは、上層部が問題グループへの対応策として研修を利用していると語った。「たくさんの苦情があれば、または、あってはならないことですが、もし何らかのハラスメントがあれば（中略）、『当該事業部門の全員が研修をやり直すことになる』と上層部は告げます」

研修を実施している企業は、たいていマネジャー向けの特別プログラムも設けている。マネジャーは登用や昇進、報酬を決定する役割なので、たしかにハイリスクグループである。しかし、対象をマネジャーに限定するのは、彼らが諸悪の根源だと言っていることに等しい。マネジャーたちはそれを不快に思い、反発する傾向がある。

### 登用試験

現在、40％ほどの企業は偏見に打ち勝つべく、第一線で働く登用候補者のスキルを評価するための試験を義務付けている。しかし、自分が気に入った人材をすべて雇えるわけではないと言われると、マネジャーたちはそれを快く思わない。そして筆者らの調査によれば、登用試験を恣意的に用いることが多いのだ。

1950年代を振り返ると、戦後に黒人が北部へ流入した際に、シカゴにある精肉加工企業のスウィフト・アンド・カンパニーは、管理職および品質検査職に登用試験を導入した。ところが、マネジャーたちは黒人には試験に不合格だったと告げた後に、試験を受けていない白人を昇進させていたことが、ある研究で明らかとなった。

機械操作担当のある黒人は次のように証言している。「私はイングルウッド高等学校で4年間学びました。品質検査職のための試験を受けましたが、主任は私に不合格だったと告げました」。こうして、その職には「試験を受けていない」白人が抜擢されたのである。

この手の出来事はいまでも起こっている。米国西海岸の某食品会社に新しく着任した人事責任者にインタビューした時のことだ。彼の話によると、白人のマネジャーたちがよそ者（その大半がマイノリティ）にのみ管理職試験を課し、同じ白人の場合は試験なしで登用していたという。「特定の職に関して誰かに試験を課すならば、全員を等しく試験する必要があります」

しかし、応募者全員に登用試験を課すマネジャーでも、その結果を無視するおそれがある。投資銀行やコンサルティング会社では、登用面接に試験を組み込んでいる。数学の問題とシナリオに基づく課題をその場で解かせるというものだ。

ノースウェスタン大学ケロッグスクール教授のローレン・リベラは、この取り組みを研究するに当たり、ある企業における登用会議の様子をこっそり観察した。するとリベラは、白人男性の数学の試験成績が悪くても決定者たちはほとんど気に留めないが、女性や黒人がそうである場合には大いに注目することに気づいた。意思決定者たちは（意識的にせよ無意識的にせよ）試験成績を恣意的に使ったため、試験によって偏見は抑制されるどころか増大していたのだった。

現在、マネジャー職の登用に筆記試験を導入している企業は全体の約10％だが、導入後の5年間で、白人女性、アフリカ系米国人の男性および女性、ヒスパニック系の男性および女性、アジア系米国人女性がマネジャー職に占める比率は4～10％減少している。特に白人女性とアジア系米国人女性の減少が顕著だが、どちらも教育水準が高く、通常ならば標準的なマネジャー職登用試験の成績がよい集団である。したがって、集団ごとの受験スキルの差によってこの傾向を説明することはできない。

## 業績評価

中規模企業および大企業の90％以上が年次業績評価を用いて、報酬と昇進に関するマネジャーの公正な決定を担保している。優秀な労働者を見極めて報いることだけが目的ではなく、業績評価には訴訟から企業を守るという側面もあるのだ。差別で訴えられた企業は、「当社には業績評価制度があるから、差別的処遇は起こりえない」と主張することが多い。

ところが、さまざまな研究によると、業績評価の場で女性やマイノリティは低く評価される傾向が見られる。また、従業員との揉め事を避けるために、あるいは昇進を自由に決める余地を残しておくために、誰にでも高評価を与えるマネジャーもいる。マネジャーが業績評価制度にどう向き合おうが、結果としてダイバーシティは向上しない。制度を導入した企業では、その後の5年にわたりマイノリティのマネジャーが増えず、マネジャーに占める白人女性の比率は平均して4％減少している。

## 苦情申し立て制度

最後に挙げるこの手段は、偏見を持つマネジャーを特定し、更生させるためにある。中規模もしくは大企業の約半数が、報酬、昇進、解雇の決定に対して従業員が抗議できる制度を設けている。

しかし、たいていのマネジャーは、自分の振る舞いを変えたり他の者による差別に対処したりはしない。それどころか、苦情を申し立てた従業員に報復をしたり貶めたりするのだ。２０１５年にＥＥＯＣ

（雇用機会均等委員会）にはおよそ9万件もの差別への苦情が寄せられたが、そのうち45％には報復を受けたという訴えが含まれていた。すなわち、最初の申し立てが冷笑や降格をもって迎えられたり、さらにひどい仕打ちを受けたりしたことを意味している。

苦情申し立て制度によって組織内の悪しき振る舞いを防げないことがわかると、声を上げる人は少なくなる。実際、従業員調査では、ほとんどの人々が差別について報告しないことがわかっている。これは別の予期せぬ結果へとつながる。マネジャーは苦情がめったにないと判断すると、自分たちの組織には問題がないと結論付けてしまうのだ。筆者らはインタビューでこうしたことをたくさん見聞きしている。

あるエレクトロニクス企業の人事担当バイスプレジデントと話した時、彼女は「他社が抱えている」と広く報じられている難題について語り、次のように付け加えた。「当社にはこうした問題は何一つありません。（中略）当社ではこの4年間、差別に関する苦情はまったく寄せられていません」

さらに実験に基づいた研究によると、苦情申し立て制度のような保護制度があると、会社の方針により公正さが保証されると思い込みがちだ。それで誰もが警戒心を緩め、みずからの決定に偏見が入り込む余地を与えてしまうという。

公式の苦情申し立て制度を導入しても状況は改善しないどころか、むしろ悪化する。筆者らの定量分析では、制度導入後の5年間で白人女性および全マイノリティ集団（ヒスパニック系男性を除く）に属するマネジャーは3～11％減少することがわかった。

それでも大半の雇用主は、裁判官に好印象を与えるという理由だけであろうと、苦情を拾い上げる何らかの制度が必要だと感じている。有効な戦略の一つは、公式の意見聴取プロセスのみではなく非公式の調停も提供するような、「柔軟な」申し立て制度にすることだ。非公式の解決だとマネジャーが懲罰機関の前に引き出されることはないので、報復するケースが減るかもしれない。これから示すように、マネジャーを公の場で叱責することなく、彼らに説明責任を感じさせると効果が上がりやすい。

## マネジャーに協力させるための方法

前掲の一般的な解決法が逆効果だとすれば、ダイバーシティ促進のために雇用側は何ができるのか。取り締まりに力点を置かない戦術を用いたいくつかの企業が、一貫して良好な成果を上げている。こうした企業は3つの基本原理を適用している。具体的には、マネジャーにダイバーシティ問題の解決に当たらせる、マネジャーと異なる集団に属する人々が接するようにする、変化のために社会的責任を奨励するというものだ。

### 関与

信念と行動が一致していない人は、心理学者の言う「認知的不協和」を経験している。実験によると、人間には信念か行動のいずれかを変えることで不協和を「修正する」傾向が強い。したがって、特定の見解を支持するようなやり方で行動するように人々を促すと、彼らの意見はその見解のほうに近づくのだ。たとえば、死刑制度擁護の小論文を書かせると、強硬な死刑反対論者さえも死刑制度に何らかのメリットを見出すようになる。マネジャーが社内で積極的にダイバーシティ向上を支援すると、同じような現象が起こる。彼らは自分たちをダイバーシティの擁護者と思い始めるのだ。

女性とマイノリティを対象としたカレッジリクルーティングを例に挙げよう。筆者らのインタビューでは、マネジャーたちは招待されればすすんで参加することがわかっている。その理由の一つは、メッセージが前向きなものだからだ。「幹部候補のダイバーシティを高めるのに手を貸してください」。そして、参加はあくまで任意である。優れたリクルーターになりそうなマネジャーを企業幹部が選出する場合もあるが、無理やり引っ張り出すようなことはしない。

大学訪問を行うマネジャーは、自分の責務に真剣に取り組んでいると語る。彼らは、たとえば女性エンジニアやアフリカ系米国人のマネジャー研修生など、登用されることの少ない集団から有望な候補者を連れてこようと固く決意しているのだ。すると、ほどなくして認知的不協和が起こり、ダイバーシティに関してどっちつかずだったマネジャーが考えを改めるようになる。

効果はてきめんである。女子学生を対象としたカレッジリクルーティング制度の導入から5年後、白人女性、黒人女性、ヒスパニック系女性、アジア系米国人女性がマネジャーに占める比率は、平均して約10％上昇する。マイノリティ採用に重点を置いた制度では、黒人男性のマネジャーの比率は8％、黒人女性のマネジャーの比率は9％増える。

マネジャーに関与させ、彼らの偏見を徐々に崩していくもう一つの方法は、メンタリングだ。メンターは部下にさまざまなコツを教え、重要な研修や任務の後見人となる過程で、部下が成長して進歩するのに必要なチャンスを与えられるように支援する。するとメンターは、相手が白人男性か女性かマイノリティかにかかわらず、自分の部下はこれらのチャンスをもらうに値する人材だと信じるようになるのだ。ここでも認知的不協和が生じ、「私が支援する者は誰であれ、支援に値するはずだ」と考えるようになる。

白人男性にはメンターを自分で見つける傾向が見られるが、女性やマイノリティは公式制度の助けを必要とすることが多い。その理由の一つは、ジョージタウン大学マクドノースクール・オブ・ビジネスで学科長を務めるデイビッド・トーマスがメンタリングに関する研究で突き止めたように、白人男性の企業幹部は若い女性やマイノリティの男性に気軽に手を差し伸べようとは思わないからだ。ただし、彼らは部下を割り当てられると熱心なメンターになるし、女性やマイノリティは真っ先にメンターになってもよいと名乗りを上げることが多い。

メンター制度によって、企業のマネジャー層のダイバーシティは大いに向上する。黒人女性、ヒスパニック系女性、アジア系米国人女性、ヒスパニック系男性、アジア系米国人男性の比率を、平均で9〜24%押し上げる。化学やエレクトロニクスなど、昇格資格を持った大卒の非マネジャー職が多い業界では、メンター制度を導入すると白人女性や黒人男性のマネジャーの比率は10%、あるいはそれ以上に増える。

女性やマイノリティ向けの特別なカレッジリクルーティング制度を導入している企業は約15%にすぎず、メンター制度を設けている企業もわずか10%である。とはいえ、組織がひとたび導入を試みれば、そのメリットは明らかになるだろう。

2000年にコカ・コーラが差別訴訟で1億9300万ドルという史上最高額の和解金を支払った後、この制度がいかに役立ったかを見てみよう。裁判所が任命した外部の監視委員会による指導の下、北米グループの経営幹部たちは、リクルーティング制度と専門職および中間管理職を対象としたメンター制度に関与し、マイノリティに関する測定可能な目標に向けて具体的に取り組み始めた。経営上層部さえも採用とメンタリングに一役買い、採用担当のパートナーは求人活動の幅を広げることを求められた。5年後、元CEO兼会長のネビル・イズデルによれば、メンタリングを受けた者の80%が管理職において少なくとも1階級昇進したという。一対一のメンタリングとグループで行うメンタリングが用意され、どちらもあらゆる人種を受け入れていたが、アフリカ系米国人からの申し込みが多かった（指導対象者の36%）。

こうした変化によって重要な進展がもたらされた。2000年から2006年にかけて、定額給従業員に占めるアフリカ系米国人の比率は19・7%から23%に上昇し、ヒスパニック系は5・5%から6・4%に増えたのだ。また、専門職および中間管理職者に占めるアフリカ系米国人とヒスパニック系の比率は、2002年の時点でそれぞれ12%と4・9%だったが、わずか4年後には15・5%と5・9%に増加した。

ここから好循環が始まった。今日のコカ・コーラはまるで別の企業のようだ。2016年2月に『アトランタ・トリビューン』誌が、CFOのキャシー・ウォーラーをはじめ、同社でバイスプレジデント以上の職位にあるアフリカ系米国人女性17人の特集を組んだほどだ。

## 交流

集団間の交流によって偏見が減少しうると初めて立証されたのは、第2次世界大戦中の欧州戦線での予期せぬ実験だった。米国陸軍はまだ人種別に分離されており、白人のみが戦闘に当たっていた。ところが、大戦中に多くの死傷者が出て人員不足に陥ると、ドワイト・アイゼンハワー元帥は戦闘に参加する黒人の志願兵を募った。

ハーバード大学の社会学者、サミュエル・スタウファーは、休暇中に陸軍省で部隊内の人種意識を調査した。すると、会社で黒人たちとともに働いていた白人は、分離されたままの企業の白人よりも著しく人種的敵意が少なく、黒人とともに働こうとする気持ちが格段に強いことがわかった。スタウファーは、黒人とともに戦う白人は真っ先に黒人を自分たちと同じ兵士と見なすようになると結論付けた。スタウファーにとって重要な点は、白人と黒人が共通のゴールに向かって対等に働かなければならないことだった。奴隷制度時代と解放後の数百年間にわたり、白人と黒人は密接に関わり合ってきたが、それだけでは偏見は減じなかったのである。

集団の垣根を超えてこの種の交流を創り出すビジネス手法は、同様の結果をもたらす。プロジェクトにおいて、さまざまな役割や機能を担う人々が対等な立場で働くことのできる自己管理チームを考えてみよう。そのようなチームでは多様な人々との交流が増える。企業内の職種はいまだに、人種、民族、性別によって大別されているからだ。たとえば、女性は男性よりも販売に就くことが多いが、白人男性は技術職や管理職として働くことが多い。黒人男性やヒスパニック系男性は生産現場に従事することが多い。

スタウファーの戦争に関する研究で明らかになったように、肩を並べて働くことで固定観念は打ち砕かれ、より平等な登用や昇進へとつながる。自己管理チームを形成する企業では、マネジャーに占める白人女性、黒人男性および女性、アジア系米国人女性の比率が5年間で3～6％上昇する。

マネジャー研修生にさまざまな部署を経験させることも、交流を増やすもう一つの方法だ。通常、この種のクロストレーニングでは、従業員はさまざまな職務に挑戦し、組織全体への理解を深めることができる。ただし、これによって各部署の責任者たちや研修生にも幅広く多様な人々と交流する機会ができるため、ダイバーシティにもプラスの影響を及ぼすことになる。筆者らが確認した結果では、白人女性、黒人男性および女性、アジア系米国人の男性および女性がマネジャーに占める比率を3～7％高める。

米国企業の約3分の1が中核事業で自己管理チームを形成しており、およそ5分の4の企業がクロストレーニングを実施している。これらの手法は、多くの組織がすでに導入済みだ。カレッジリクルーティング制度やメンター制度のほうがダイバーシティに大きな効果を与えるが、それはおそらく、ダイバーシティの取り組みを活性化するとともに集団間の交流を促すからであり、すべてが成果につながっている。自己管理チームとクロストレーニングは、ダイバーシティを推進すると考えられている強制的なダイバーシティ研修や業績評価、登用試験、苦情申し立て制度を上回る効果があった。

### 社会的説明責任

第3の戦術は社会的説明責任の醸成だ。これは、周囲によく見られたいという人間の欲求を刺激する。

イスラエルで実施されたある実験が格好の例証となっている。

この実験では教員研修生たちに、アシュケナージという名前（ヨーロッパ系ユダヤ人の家系であることを示す）と、セファルディという名前（アフリカあるいはアジア系ユダヤ人の家系であることを示す）のユダヤ人学生たちが書いた同じ作文を評価させた。セファルディという名の学生は通常、貧しい家庭の出身で、学校の成績は芳しくない。教員研修生たちは、アシュケナージ姓の学生の作文には平均してBを、セファルディ姓の学生の作文には平均してDをつけた。しかし、研修生間で評価について話し合うと告げられた場合、評価に差がなくなったのである。自分たちの決定を説明しなければならない可能性があるとわかると、教員研修生たちは作文自体の質で判断するようになった。

職場でも似たような効果が見られる。マサチューセッツ工科大学スローンスクール・オブ・マネジメントのエミリオ・カスティーヤが行った実地調査を例に挙げよう。ある企業で、アフリカ系米国人は白人と比べて常に昇給額が少ないことがわかった。同じ職位で業績評価の点数が同じにもかかわらずだ。そこで、カスティーヤは社会的説明責任を醸成するための透明化を提案し、同企業は各部門の人種別および性別の業績評価と昇給額の平均を掲示した。社内のどこが白人を特別扱いしているか、従業員、同僚、上司に筒抜けになるとマネジャーたちが理解すると、昇給格差はほとんど解消されたのである。

ダイバーシティ推進特別チームの設置は社会的説明責任の醸成に役立つ。通常はCEOがこうしたチームを招集し、各部署の責任者に任意参加を求めたり、少数派からメンバーに加わってもらったりする。特別チームは四半期ごと、あるいは半期ごとに全社、各事業部門、各部署のダイバーシティ指標を調査し、何に注意を向けるべきかを把握する。

採用やキャリアの障壁といった問題がどこにあるのかを調査した後、特別チームは解決策を見つけ出し、それぞれの部署に持ち帰る。これにより、同僚がメンターをすすんで引き受けていないとか、採用イベントに参加していないなどに気づくことができる。説明責任の理論が示唆するように、部署内に特別チームのメンバーがいれば、マネジャーたちは登用や昇進の決定に際して「これは正しいことに見えるだろうか」と自問するようになるだろう。

会計事務所デロイトＬＬＰは、社会的説明責任がどれほど威力を発揮しうるかを見てきた。１９９２年、当時ＣＥＯだったマイク・クックは女性アソシエートの離職を食い止めようと決心した。同事務所の従業員の半数は女性だったが、パートナーに近づく前にほぼ全員が辞めていたからだ。

当時デロイトのコンサルティング部門のＣＥＯを務めていた、ダグラス・マクラッケンがのちにＨＢＲへの寄稿論文で述べたところによると、クックはみんなの注目を集める特別チームを招集し、「悪しき振る舞いを禁じるために、新たな企業方針をいくつも定める」のではなく、むしろ透明性に依拠して成果を上げようとしたという[注]。

この特別チームは各拠点に女性の昇進状況をモニタリングさせ、拠点ごとの問題に対処すべく目標を設定させた。ＣＥＯやその他のマネージングパートナーがつぶさに見ていることがわかると、「優良顧客の仕事や非公式のメンタリングなどが女性たちにも回ってくるようになった」とマクラッケンは述べている。そして、全国の部門責任者がパートナーやアソシエートから、変革がなぜもっと早く進まないのかと問い質されるようになった。外部の顧問機関が進捗状況の年次報告書を発行し、各マネジャーは変革指標を選択して自分たちの業績評価に織り込んだ。

図表**10**｜**実際に成功したダイバーシティへの取り組みとは**

筆者らは、米国の中規模企業および大企業829社におけるダイバーシティへの取り組みが、マネジャーに占める女性やマイノリティの比率を高めるのにどれだけ奏功したかを分析した。さまざまな集団の比率増加にどれが役立ち、どれが意図に反して逆効果だったかを以下に示す（グラフの棒がないところは、当該の取り組みに何らかの効果があったかどうかを、統計学的に確認できないことを指す）。

**通常の取り組みの効果は薄い**

最も一般的な3つの介入方法では、企業のダイバーシティは向上するどころか後退した。なぜなら、マネジャーたちが強制的なやり方に反発したからだ。

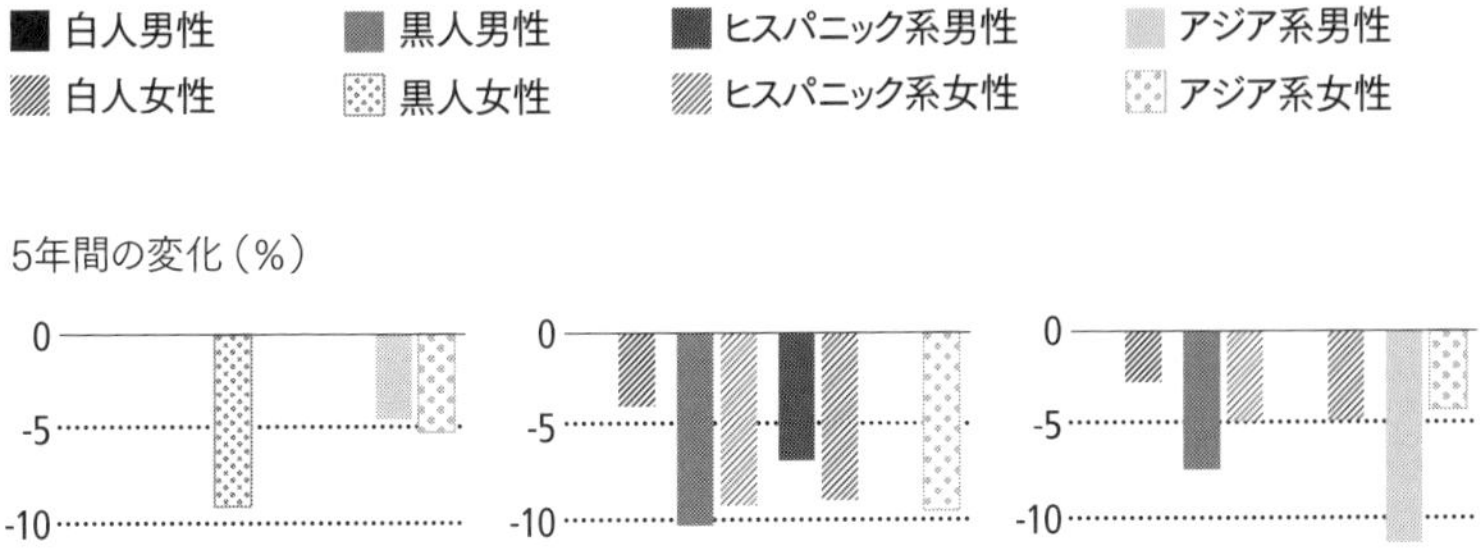


マネジャーを対象とする**強制的ダイバーシティ研修**は、アジア系米国人および黒人女性の比率をかなり減少させる結果となった。

応募者に対して**登用試験**を実施すると、女性とマイノリティの比率が下がった。これは彼らの試験成績が芳しくなかったからではない。登用を決めるマネジャーは常に誰にでも試験を課すわけではなく（白人男性は試験を免除されることが多い）、試験結果を一貫性ある方法で評価するわけでもない。

**苦情申し立て制度**も同様で、ダイバーシティを全体的に大きく後退させる結果となった。これは偏見を持ったマネジャーを矯正するための制度だが、申し立てた者が報復を受けるケースが多かった。

（p.229に続く）

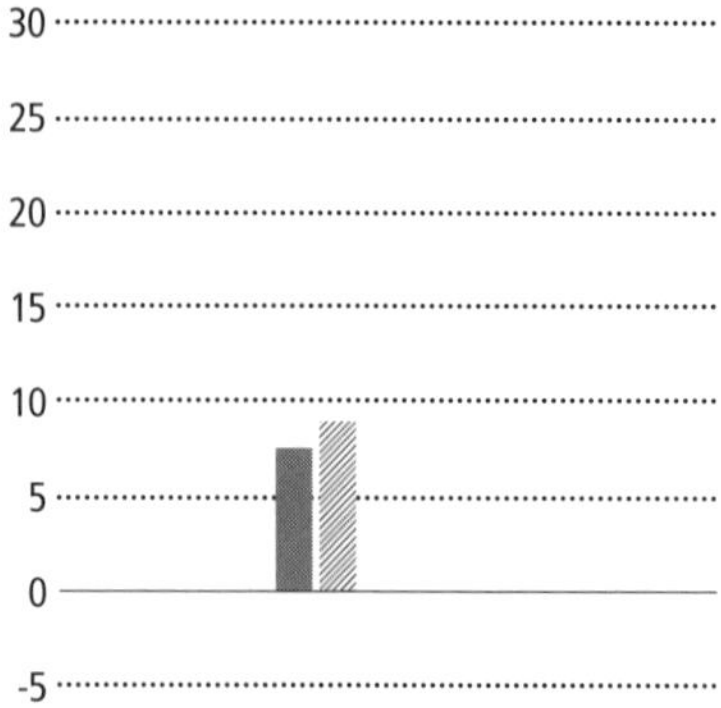


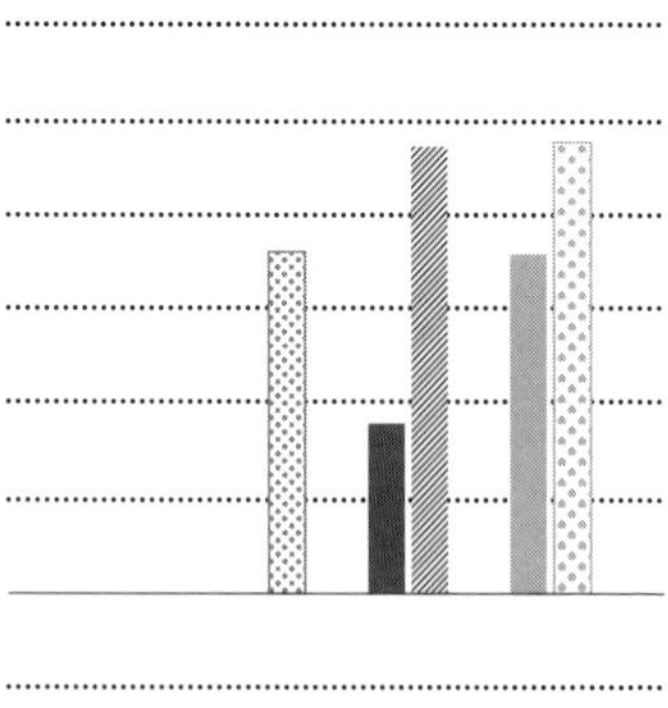

**マイノリティを対象とするカレッジリクルーティング制度**は、伝統的に黒人が多い大学に重点を置くことが多い。これは、アフリカ系米国人男性および女性の比率を押し上げる効果がある。

**メンタリング**には特に大きな効果がある。女性やマイノリティの指導者となったマネジャーは彼らとの交流を次第に深める。そうした部下が研修を受けたりチャンスを与えられたりしたら、自分の部下にはそれだけの価値があると信じるようになる。

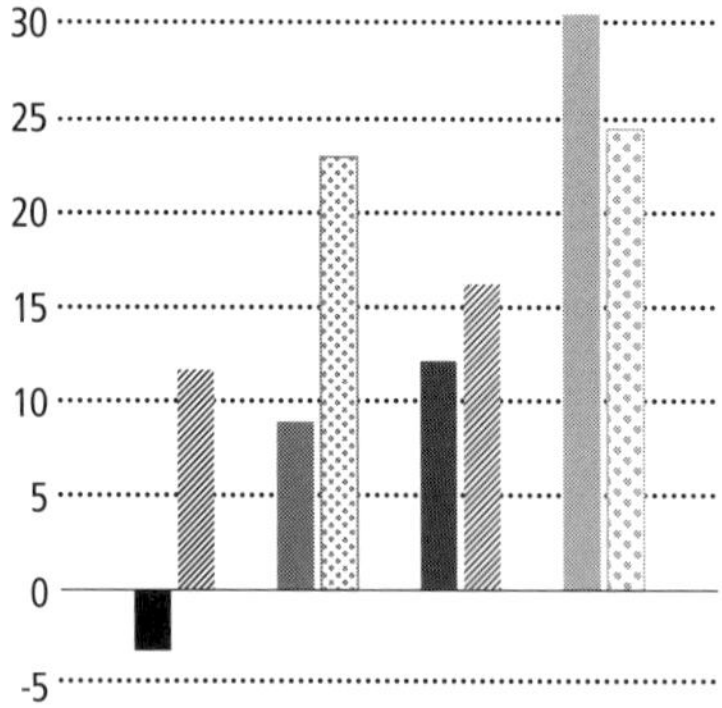


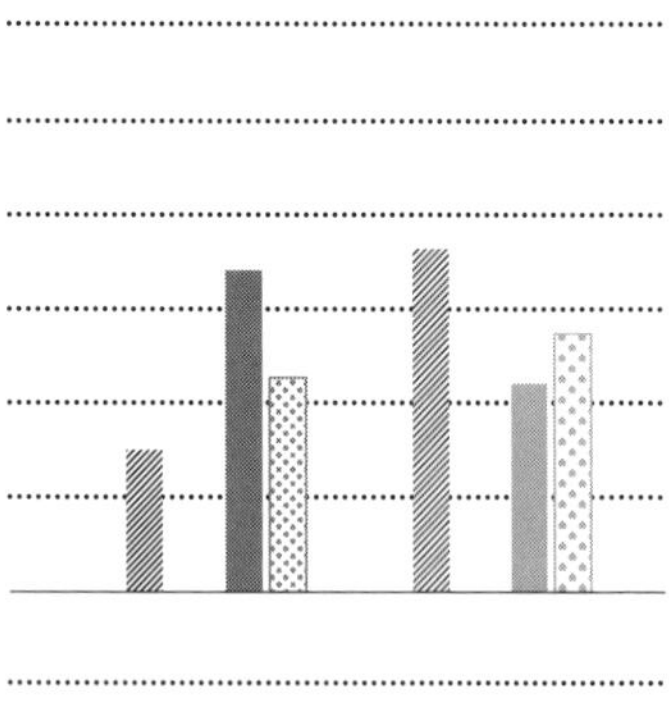

**ダイバーシティ推進特別チーム**を設置すると、社会的説明責任が醸成される。メンバーが各自の部署に解決策を持ち帰り、同僚がそれを採り入れているかどうかを確認できるからだ。

**ダイバーシティマネジャー**は効果のない取り組みとなる場合もあるが、全体としてプラスの効果がある。その理由の一つは、マネジャーたちが登用や昇進の決定に関して説明を求められるかもしれないと認識するからだ。

（p.227から続く）

## 効果のあった取り組み

取り締まり戦術をやめて、より建設的な取り組みに移行すると、企業のダイバーシティを高めることができる。最も効果的な取り組みでは、きっかけを与えて関与させたり、異なる集団間の交流を促したり、他者からよく見られたいという強い願望を利用するなどのことを行っている。

■ 白人男性　■ 黒人男性　■ ヒスパニック系男性　■ アジア系男性
▨ 白人女性　▨ 黒人女性　▨ ヒスパニック系女性　▨ アジア系女性

5年間の変化（%）

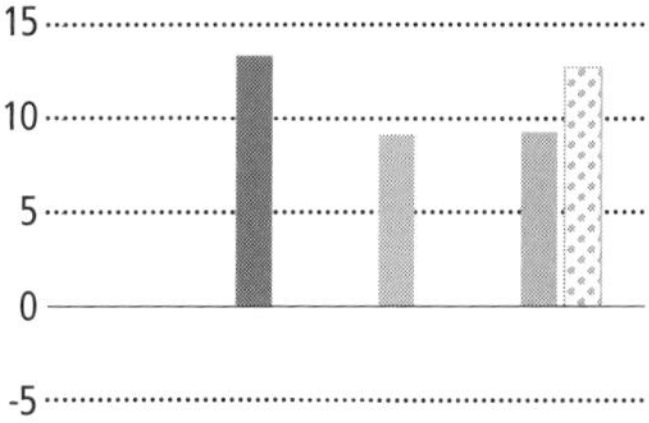


**任意参加の研修**は、強制的研修のようにマネジャーの防衛本能を刺激せず、いくつかの集団の比率を高める結果となった。

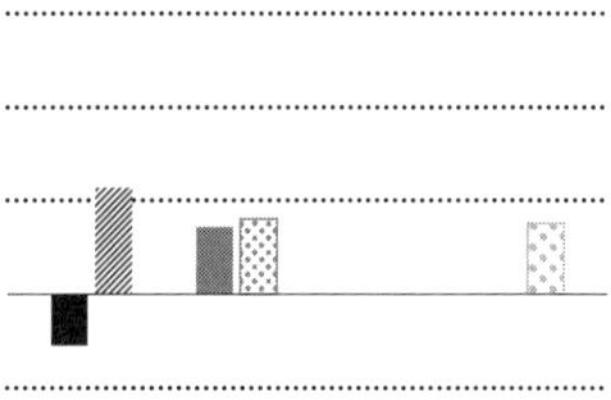

**自己管理チーム**は、ダイバーシティを高めるために設けられたものではないが、それぞれ特定の機能部門に固まりがちな各集団間の交流を促すため、ダイバーシティの向上に役立つ。

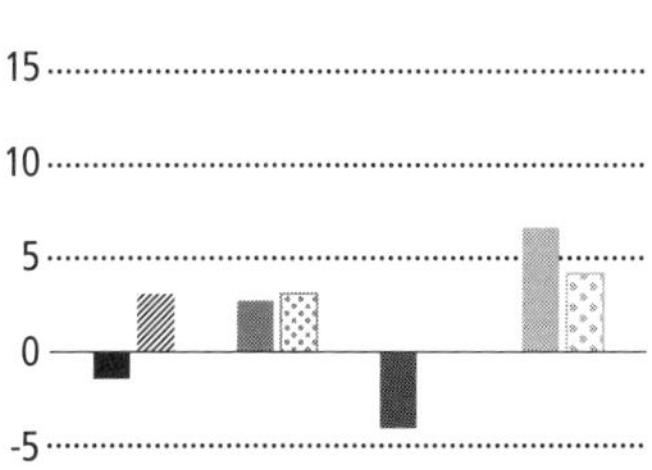


**クロストレーニング**も、マネジャーが異なる集団に属する従業員と交流する機会を増やす。ヒスパニック系男性の比率は減少するが、その他のいくつかの集団に関しては増加が見られるようだ。

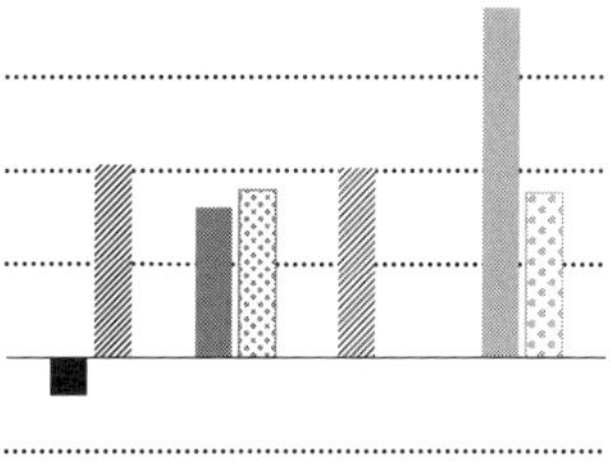

**女性を対象とするカレッジリクルーティング制度**は、採用担当マネジャーをダイバーシティの擁護者に変える。このため、黒人男性やアジア系米国人男性の比率を高めるのにも役立つ。

注：筆者らは、対象企業や経済において進行中の要因すべてと切り離したうえで、
　ダイバーシティへの取り組みの効果を分析した。

こうして、8年間で女性の離職率は男性と同じ水準に下がり、女性パートナーの比率は5%から14%に増加した。これらは大手会計事務所で最も高い数値である。2015年までにグローバルパートナーの21%が女性となり、同年3月、デロイトLLPはキャシー・エンゲルバートをCEOに指名した。大手会計事務所で初めての女性のトップである。

特別チームは、3面作戦でダイバーシティに取り組むものである。すなわち、説明責任を促すことに加え、以前はダイバーシティプロジェクトに冷淡だったかもしれないメンバーを関与させ、参加者の女性、マイノリティ、白人男性の間に交流を増やす。効果も大きい。ダイバーシティ用の特別チームを設置した企業では、その後の5年間でマネジャーに占める白人女性や各マイノリティ集団の比率が平均して9~30%増加している。

ダイバーシティマネジャーを置くという方法も、社会的説明責任の醸成によって社会的包摂《ソーシャル・インクルージョン》を強化する。

その理由を理解するために、前述の教員研修生の実験に戻ろう。この実験の結果は、人間は自分の決定を説明しなければならないかもしれないと気づくと、偏見に基づいて行動する可能性が低くなるというものだった。そのことは、多くの研究によって裏付けられている。したがって、マネジャーを問い質す可能性のあるダイバーシティマネジャーを設けるだけで、マネジャーたちが一歩下がって反省し、最初に思い浮かんだ人物を登用したり昇進させたりする代わりに、要件を満たした人材すべてを考慮するようになる。

ダイバーシティマネジャーを指名した企業では、その後の5年間であらゆる少数派集団(ヒスパニック系男性を除く）のマネジャーに占める比率が7～18％上昇している。これらは有効だったか否かにかかわらず、導入されたさまざまな取り組みによる上昇を差し引いたうえで、ダイバーシティマネジャーの設置によって得られた成果である。

中規模および大企業で特別チームを設置しているのは20％のみで、ダイバーシティマネジャーを置いているのは10％にすぎないが、どちらも効果は大きい。ダイバーシティマネジャーの設置は人件費もかかるが、特別チームは既存の従業員を活用するやり方だ。このため、強制的研修などの失敗に終わったいくつかの方法よりも、はるかに安上がりである。

バンクオブアメリカ・メリルリンチやフェイスブック、グーグルのような一流企業はこの数年間、説明責任の醸成に注力してきた。デロイトの初期の事例をもとに、これらの企業は現在では誰の目にもわかるように全面的なダイバーシティ指標を公表している。そうした取り組みが顕著な変化をもたらすかどうか、数年のうちに結果が出るはずだ。

＊　＊　＊

ダイバーシティへの取り組みの大半は、偏見を取り締まるという戦略に基づいていた。しかし、機会均等を促進するために導入されて以来、この種の戦略は見事な失敗続きである。1985年以来、企業のマネジャーに黒人男性はほとんど増えていない。白人女性の割合は2000年以降増えていない。これは、女性やマイノリティに十分に教育を受けた人材がいないという意味ではない。過去2世代にわたり、どちらの集団も教育水準は大幅に向上したからだ。問題は、強制的に取り組みに参加させ、実践に移さなければ罰するというやり方では、人々を動機付けることができないことである。

結局のところ、数字がすべてを物語っている。マネジャーにダイバーシティ研修への参加を強制し、登用や昇進の決定を規則で縛ろうとして、法律遵守の苦情申し立て制度を導入しても、組織のダイバーシティは向上するどころかさらに低下するだろう。

幸いにも、我々は有効な対策を知っている。後はそれをもっと実行すればよいのだ。

## ダイバーシティ推進と銘打つことの否定的側面

メンタリングや自己管理チーム、クロストレーニング（さまざまな職務を経験させる教育訓練）は、なぜ強制的研修のように反発を招かずにダイバーシティを高めるのか。その理由の一つは、これらの取り組みが通常、ダイバーシティのためのものだと銘打たれていないからかもしれない。企業方針としてのダイバーシティという言葉は、白人男性にストレスを感じさせるおそれがある。

カリフォルニア州立大学サンタバーバラ校とワシントン大学の研究者たちは、若い白人男性に模擬採用面接を体験させた時に、このことを突き止めた。被験者の半数はダイバーシティ推進を謳う企業の面接を受けたが、残りの半数はそうではない企業の面接を受けたのだ。ダイバーシティ推進を明言する企業を訪れた被験者たちは、白人への差別を予想して動悸や呼吸の乱れなどを示し、録音された面接の受け答えも著しく出来が悪かった。

【注】

"Winning the Talent War for Women : Sometimes It Takes a Revolution," HBR, November, 2000.（未訳）

# 第11章

# 人材は潜在能力で見極める

エゴンゼンダー・インターナショナル シニアアドバイザー
**クラウディオ・フェルナンデス＝アラオス**

**"21st Century Talent Spotting"**
*Harvard Business Review*, June 2014.
邦訳「人材は潜在能力で見極める」
『DIAMONDハーバード・ビジネス・レビュー』2015年5月号

**クラウディオ・フェルナンデス＝アラオス**
**(Claudio Fernández-Aráoz)**
国際的なエグゼクティブサーチ企業、エゴンゼンダー・インターナショナルのシニアアドバイザー。著書に*Great People Decisions: Why They Matter So Much, Why They Are So Hard, and How You Can Master Them*, Willey, 2007.（邦訳『人選力―最強の経営陣をつくる』日本経済新聞出版社、2009年）や、本稿をもとにした*It's Not the How or the What the Who*, Harvard Business Review Press, 2014.（未訳）などがある。

## エグゼクティブサーチの成功例と失敗例

数年前、同族経営の家電販売会社のために新しいCEOを見つけるよう頼まれたことがある。その会社は経営をプロフェッショナルに任せて事業を拡大しようと考えたのだ。私は退任することになるCEO、そして取締役会とも密接に協力し、同社のCEO職に求められるコンピテンシーを細部まで明らかにして、それから候補者選びを始めた。

最終的に選ばれた男性はすべての条件を満たしていた。プロフェッショナルを育てる一流の学校を出て、業界トップクラスの数社で働いた後、世界的に最も称賛される企業の一社で某国担当マネジャーとして成功を収めていた。それ以上に大きかった点は、我々が新CEOに必要だと考えたコンピテンシーのすべてにおいて、彼が要求基準を上回っていた点だ。

ところが、こうしたことすべてが役に立たなかった。素晴らしい経歴を持ち、適性も申し分なかったにもかかわらず、新CEO氏は当時市場で起きていた技術面、競争面、規制面での巨大な変化に適応できなかった。さえない業績が3年続いた後、彼は会社を去るよう言われた。

これと対照的なのが、筆者がエグゼクティブサーチの仕事を始めたばかりの頃のエピソードだ。筆者の任務は、中南米南部のビール市場で当時圧倒的だったキンサが所有する小さなビール醸造所のプロジェクトマネジャーを探し出すことだった。その頃の筆者は「コンピテンシー」などという言葉を聞いたことは一度もなく、職場の出張所はできたばかりでリサーチチームの支援もなかった（インターネットも普及前だった）。しかも当時は、中南米南部でまともなビール醸造事業を営んでいるのはキンサだけだったので、同じ業界や関連業務できちんとした経験を積んだ人材プールも存在しなかった。

最終的に筆者が接触した候補者は、1981年にスタンフォード大学で学んでいた頃に知り合ったペドロ・アルゴルタだった。彼はかの有名な1972年のアンデス山脈の飛行機墜落事故（ノンフィクションが何冊か出版され、映画『生きてこそ』〈原題 *Alive*〉にもなった）の生存者であり、魅力的な候補者であることは間違いなかった。

とはいえ、消費財業界での経験が皆無のうえに醸造所のあるコリエンテス地方にも不案内、さらにはプロジェクトマネジャー職のカギとなるマーケティングや販売での業務経験もなかった。それにもかかわらず、筆者には彼が成功するだろうという勘が働いた。キンサも彼の雇用に合意し、その決断は賢明であったと後に証明される。アルゴルタはあっという間にコリエンテス醸造所の所長に抜擢され、その後にキンサの中核であるキルメス醸造所のCEOになった。さらに彼は、同族経営だったキンサを大規模かつ評価の高いコングロマリットへと変貌させる経営チームの中核メンバーにもなった。このチームは、当時の中南米で最も素晴らしい経営チームの一つと見なされたのである。

あれほど適任に見えた家電販売会社のCEOが悲惨な失敗に終わったのはなぜか。そして、明らかに不適格だったアルゴルタがこれほど見事な成功を収めたのはなぜか――。その答えは〝潜在能力〟にある。すなわち、日ごとに複雑さを増す職務内容と事業環境にしっかりと適応し、自分を成長させる能力のことだ。アルゴルタにはその潜在能力があり、冒頭のCEOにはなかったのである。

筆者は30年にわたって役職者を評価・観察し、彼らの成果を左右する要因を研究してきた。その結果、いまでは潜在能力こそがその人材の成否を予測するうえで最も頼れる判断材料だと考えている。これはヒラの取締役から最高クラスの幹部、取締役に至るまであらゆるレベルに当てはまる。筆者は潜在能力を持つ人々を見つける方法、そして企業がそのような人材を育成・採用するのに役に立つ方法も編み出した。本論ではそれらの方法を公開する。

事業環境の不安定さと複雑さが増し、トップレベルのプロフェッショナルな人材をめぐる世界的な争奪戦が激しくなるにつれ、筆者は次のように確信するようになった。組織およびそのリーダーは、筆者の言う「人材発掘の新時代」に移行しなければならない――。それはお互いを評価する際に筋力や頭脳、経歴や手腕に基づくのではなく、潜在能力で判断するやり方である。

## 人材発掘「第4の時代」へ

人材発掘の「最初の時代」は1000年続いた。1000年の間、人間は肉体的特徴に基づいて選別された。ピラミッドを築き、運河を掘り、戦争し、穀物を収穫する――。いずれの場合も可能な限り元気で健康で力持ちの人々を選んだ。これらの特徴は簡単にわかる。そして、そのような評価基準がもはや適切でなくなってきているにもかかわらず、いまでも我々は無意識のうちにこれらの特徴を求めてしまう。フォーチュン500企業のCEOの平均身長は、米国人全体よりも6・35センチメートル高い。

軍隊の指揮官や各国元首の統計を見ても同じ傾向がある。

筆者が生まれ育ったのは人材発掘の「第2の時代」であった。人を選ぶのに知性と経験、そして過去の実績を重視する時代である。20世紀の大半の時代、言語・分析・計算・理論の各面で頭の回転の速さを測るＩＱ（知能指数）が当然ながら採用プロセス（とりわけホワイトカラー）で重視された。ＩＱが不明の場合は学歴と筆記試験の成績が代用された。また多くの仕事は標準化され専門化された。多くの職種において、採用候補者がその仕事をこなせるかどうか、高い信頼度ではっきりと測れるようになった。さらに大半の職種は会社や業界が違ってもだいたい似たようなものだし、仕事内容が毎年大きく変わるわけでもないため、過去の実績によってその人の今後の成果も十分に予測できると考えられた。もし優れたエンジニアや会計士、弁護士、デザイナー、ＣＥＯを雇いたければ、最も能力が高く経験を積んだ人を探し出し、面接して採用することができるようになった。

筆者がエグゼクティブサーチの仕事をするようになった１９８０年代は、人材発掘の「第3の時代」の始まりだった。その推進力となったのは、いまでもはびこる「コンピテンシー」主義である。米国の心理学者、デイビッド・マクレランドは１９７3年の論文"Testing for Competence Rather than for 'Intelligence'"（「『知性』よりもコンピテンシーを見る」）において、労働者、とりわけマネジャーは、その仕事に求められる役割でどれだけ優れた成果を発揮できるか予測するための、具体的な特性とスキルによって評価されるべきだと提唱した。

こうした考え方は時代に合っていた。というのも、技術革新および業界の垣根の消滅によって仕事内容の複雑さが増し、人材発掘において前職での経験と実績はそれほど当てにならなくなっていたからだ。

そこで筆者らは仕事をコンピテンシーの各要素に分解し、適切な要素の組み合わせを持つ候補者を求めるようになった。またリーダー職に関しては、ＩＱよりＥＱ（感情的知性）のほうが大事だとする研究結果も重視するようになり始めた。

そして現在、人材発掘の「第4の時代」が幕を開けようとしている。この時代は「潜在能力」に着眼点を移さなければならない。激しく変動し、不確実で、複雑で、不明瞭な（各形容詞の頭字語ＶＵＣＡ――Volatile, Uncertain, Complex, and Ambiguous――は軍事用語から転じてビジネス界の流行語となった）いまの環境において、コンピテンシーに頼った人材評価と人材登用は次第に不適切になりつつある。

ある人が今日は見事に特定の職務をこなせたとしても、その人に成功をもたらした要因は、明日になって競争環境が変わったり、会社の戦略が変更されたり、本人が管理または協力する社内のグループが変わったりしたら、もはや通用しなくなるかもしれない。したがって問題となるのは、従業員やリーダー職が適切なスキルを持つかどうかではない。新しいスキルを学ぶ潜在能力があるかどうか、である。

## トップ人材の争奪戦を激化させる3つの圧力

残念ながら、人の潜在能力を見極めるのはコンピテンシーよりはるかに難しい（とはいえ不可能ではない。詳細は後述する）。そのうえ、採用市場は遠からず歴史上最も厳しくなるであろう。「厳しい」というのは採用される側ではなく、採用する側にとってである。近年の米国および欧州の高い失業率をめぐる雑音によって重要なシグナルがかき消されてしまっているが、グローバル化、人口動態、人材育成システムという「3つの圧力」によって、この先幹部クラスの人材はかつてないほど稀少になるであろう。

2006年当時、筆者はいまのハーバード・ビジネス・スクール学長ニティン・ノーリアやエゴンゼンダーの同僚らとともにこの問題に関する共同研究を行った。詳細なデータを集め、47社のCEOにインタビューした。この47社は合計で時価総額2兆ドル、売上高は1兆ドル超、従業員数は300万人超で、主要な産業と地域を網羅し、揺るぎない評判としっかりした人材慣行のある成功企業ばかりであった。それにもかかわらず、全社が深刻な人材難に直面しかかっていることが判明した。それから8年を経た現在、状況は悪化していないまでもまったく改善していない。

以下では、順番に「3つの圧力」を詳細に見ていこう。

まず**グローバル化**によって企業は母国以外の市場へ進出せざるをえなくなり、そのために役立つ人材の争奪戦に巻き込まれる。筆者らが2006年に研究対象とした主要なグローバル企業は、2012年までに総売上げに占める発展途上地域の比率が88%増加すると見込んでいた。実際にその通りのことが起き、さらにIMFやその他の団体の現在の予測によると、いまから2016年までの世界の成長は、そのおよそ70%が新興国市場によってもたらされるとしている。同時に世界中の発展途上国において、現地企業の間でも顧客のみならず人材の争奪戦が起きている。

たとえば中国を見てみよう。国外市場の成長のおかげもあり、フォーチュン・グローバル500に占める中国企業は2003年のわずか8社からいまや88社になった。中国有数のテレコム企業、華為技術《ファーウェイ》には7万人を超える従業員がおり、そのうち45%はドイツ、スウェーデン、米国、フランス、イタリア、ロシア、インドを含む世界各地のR&Dセンターで働いている。インド市場やブラジル市場を本拠地とする企業でも同様の例は見つかるだろう。

次に、**人口動態**が人材供給源に与える影響もまた明白である。伸び盛りの上級管理職として最適なのは35歳から44歳までの年齢層だが、この層が占める比率は劇的に縮小中だ。2006年の研究で筆者らが行った試算によれば、若いリーダー層はこの先30%減ると予測され、その一方で事業の成長が見込まれるため、この非常に大事な年齢層の上級管理職を選ぶための人材プールは規模が半分に減るだろうと結論した。

10年前、人口動態の変化に影響を受けていたのは主に米国と欧州だったが、2020年までにはロシア、カナダ、韓国、中国を含む他の多くの国において、労働市場への新規参入者数よりも退職者数のほうが多くなる。

3番目の圧力も大いに関連性があり、影響力も同等なのだが、あまり知られていない。企業は将来のリーダーを生み出す**人材育成システム**をきちんと構築していないのだ。プライスウォーターハウスクーパースが68カ国のCEOを対象に行った2014年のアンケート調査によれば、回答者の63%が将来あらゆる階層で基幹スキルが不足することを懸念している。ボストン コンサルティング グループの独自調査によれば、企業幹部の56%は近い将来社内のシニアマネジャー職を担う人材が大幅に足りなくなると見ている。

ハーバード・ビジネス・スクール教授のボリス・グロイスバーグが、2013年に企業幹部向けセミナーの参加者を対象に行った調査でも、似たような結果が出ている。自社の人材や組織について5段階評価（5が最高）で採点してもらったところ、現CEOへの評価は平均で4、現経営陣への評価は3・8だったのに対し、次世代リーダー育成システムに対する評価は3・2と低かった。この調査では他の質問からも同様の問題点が浮かび上がった。人事管理部門への評価はすべて3・3以下で、ジョブローテーションといった従業員育成に不可欠の施策については2・6という低スコアもあった。換言すれば、「有望なリーダーを見つけて育てる」という仕事を自社できちんとできていると考える企業幹部は、ほとんどいなかったのである。

筆者の仕事仲間が最近実施した企業幹部対象のパネルインタビューでも、これらの見解は誰もが抱いているものだということが裏づけられた。参加した823人のリーダーのうち、自社の育成システムが成果を生むだろうと考えている人はわずか22％、最高の人材に自社が魅力的だと思わせるのは簡単だと答えた人はわずか19％だった。

筆者の知る限り、多くの企業、とりわけ先進国市場に基盤を置く企業において、上級幹部の半数は今後2年のうちに定年退職の対象となる。そして、そのような幹部の半数には、後を引き継ぐ意思または能力のある後継者がいない。グロイスバーグいわく「企業はいまは痛みを感じていないかもしれない。だが今後5年から10年の間に社員が退職や転職した後、次世代のリーダーはどこから現れると思っているのだろうか」。

グローバル化、人口動態、人材育成システムの3つの問題は、仮に個別に起きていたとしても、それぞれが今後10年間で未曾有の人材需要を生み出す要因となったことだろう。グローバル化はかつてないほど急速に進んだ。年配層と若年層の不均衡がここまで劇的だったことはない。有望な後継者の育成システムに対する評価も、かつてないほど厳しい。そしてアンケート調査をすると、人材育成の施策に対する評価は、筆者がいままで見てきた中で最も低いのである。

これらの要因をすべて加え合わせると、人材獲得競争は、大半の組織にとっておそらく克服不可能な巨大な問題として立ちはだかることになるだろう。しかし、潜在能力を持つ人材の発掘方法を学び、そのような人材を巧みに引き留め、最高の人材がさらに能力を高められるような人材育成プログラムを開発する企業にとって、この状況は厳しいどころか並外れたチャンスをもたらすことになる。

## 採用プロセスを改善する

最初の一歩は、自社にふさわしい人を採用することだ。企業価値の創造者として近年最も印象的な人物の一人、アマゾン・ドットコムCEOのジェフ・ベゾスは、この点について1998年に次のように述べている。「採用のハードルを高く設置してきたことは、いままでもこの先も（当社の）成功を生んだ圧倒的に最大の要因です」

では、採用候補者を評価する際（そしていまの社員を再評価する際）に、どのようにして潜在能力を測ればいいのだろうか。

実は多くの企業には、昔ながらの「高い潜在能力者」向けプログラムがあり、しっかりと根付いている。将来有望なマネジャーをこうしたプログラムに参加させ、駆け足で育成・出世させてきた。しかし、こうしたプログラムの大半は〝成績優秀者〟だけを対象とするのが実態だ。参加者は皆、過去に見事な実績を上げてきた人ばかりで、したがってこの先も優れた仕事をする見込みが最も高いと想定される人々である。だが、VUCAという条件を考慮すると、この想定はもはや当てにならない。筆者が教えている企業幹部向けプログラムの参加者に聞くと、「会社で潜在能力を評価する際には、経験的に正しさが証明されている手法を使わない」と報告する人が常に80%程度に上る。

たしかにこの種の能力を評価するのは、IQやいままでの実績を測るよりもはるかに難しい。それどころか、多様なコンピテンシー要素の計測と比べてさえはるかに難しいと認めよう。それでも計測は可能である。しかも予測精度は85%程度になる。この数字は過去20年以上にわたり開発・改良され続けてきたモデルを使ってエゴンゼンダーが評価した数千人の幹部社員のキャリアデータに基づいている。

筆者らが最初に見る潜在能力の指標は、しっかりとした**モチベーション**だ。(利己的でない)目標追求に向けてずば抜けた成果を上げてみせる、という堅い決意である。高い潜在能力を持つ人は大きな野心を抱き、自分の足跡を残したいと願っているが、同時にみんなで協力して大きな目標を達成したいという夢を抱き、自分個人が目立たぬようとても謙虚であり、やることすべてに向上心を持って努力する。筆者らがまずモチベーションに注目する理由は、その不変性にある。加えて、通常は本人が意識していない性質でもある。完全に利己的な動機だけで動く人は、おそらくずっと変わらないだろう。

次に筆者らが見るのは以下の4つの性質だ。筆者らの調査研究によれば、これらは間違いなく潜在能力を保証するといえる。

**好奇心**：新しい経験や知識を追い求め、率直な批判を聞きたがる。何かを学び、自分を変えることに積極的。

**洞察力**：情報を集めて意味を読み取り、新たな可能性を見つける能力。

**愛着心**：感情と理論を駆使して説得力のあるビジョンを伝え、人々と関係を築くコツを知っている。

**意志力**：困難にもめげず高い目標を達成するために戦い、逆境を跳ね返す気力。

いまにして思えば、ペドロ・アルゴルタがキンサで成功した理由は、上記の性質をすべて持っていたからだとわかる。特定のスキルとコンピテンシーの組み合わせを持っていたからではないのだ。彼のこうした性質はアンデス山脈での痛ましい試練の時に際立った。

まず、決定的に重要ながら目立たない役目を果たすことでモチベーションを示した。彼は、最終的に墜落地点から離れて救助を呼びに行くことになる探検チームの命を支えたのだ。雪を溶かして彼らに飲ませ、亡くなった犠牲者の肉体を小さく切って乾燥させ、食べ物として提供した。

次に、絶望に打ち負かされるどころか墜落現場の周辺環境に好奇心を刺激され、氷から湧き出る小川に興味を抱いた。その小川は東に向かって流れていた。このことから彼は、死にかけているパイロットが飛行機の位置を間違って報告したのだという洞察を得た。自分たちは山脈のチリ側ではなくアルゼンチン側にいるのだと、彼だけが見抜いたのだ。

そしてこの72日間で、アルゴルタの愛着心と意志力もはっきり示された。死にゆく若い友人のアルトゥーロ・ノゲイラを手厚く看護し、足に負ったいくつもの骨折がもたらす痛みから彼の気を逸らそうと努めた。他の生存者に対しても希望を失わないよう励まし、もし死んだら彼らの体を食糧にすることを皆に許すのは「愛の行為」であるとして、全員にそれを認めさせた。

キンサ（のグループ企業）でのCEO職はアンデス山脈での経験と似た部分はなかったものの、変わらぬアルゴルタの性質が仕事でも役立った。彼のモチベーションの純粋さをおそらく最もよく示すエピソードは、キンサに来て10年目の出来事だろう。戦略的にもっともな理由により、彼は自分が率いていたアグリビジネス・プロジェクトから会社は撤退すべきだと主張した。すなわち自分を失職させる提案をしたのである。

また好奇心旺盛な経営幹部として、いつもわざわざ寄り道してはあらゆる階層の個人顧客や企業顧客、従業員と面談し、普通なら幹部にまで届かない人々の声に耳を傾けた。こうして採用・支援したいくつかの画期的なマーケティング構想のおかげでキルメスの売上げは8倍に伸び、収益性も過去最高になった。

さらに彼は、採用および戦略の意思決定で優れた洞察力を発揮した。後にキルメスとネスレの両方のCEOとなる人物を採用したのはその最たる例だ。また、大胆にも中核ではない事業をすべて売り払い、その資金で地元のビール醸造事業を拡充することができた。

そして愛着心によって、キルメスの非効率で堕落したとさえいえる企業文化を刷新した。彼は公開の会議には必ず上司と部下が連れ立って参加するようこだわったが、これが先例となって後にキンサ・グループ全社にこの動きが広がった。

最後に、キンサでアルゴルタの示した意志力は驚くべきものであった。彼はそもそも醸造所の新設プロジェクトを率いるために雇われたのだが、採用直後にそのプロジェクトは資金を使い果たしてしまった。しかし彼は辞職を考えるどころか金策に奔走した。さらに数カ月後には通貨切り下げとハイパーインフレにより、アルゼンチン全体が激震に見舞われるが、それでも彼は一歩も引かなかった。その15カ月後に新醸造所は稼働を始めた――。

では、会ったばかりの採用候補者、または既存の従業員が潜在能力を持つかどうか、どのように見分ければよいのだろうか。それには、筆者がアルゴルタに対して行ったように、公私にわたる経歴をよく調べることだ。本人と突っ込んだ話し合いやキャリア論議を交わし、さらに徹底的なリファレンスチェック（候補者の以前の上司や同僚へ人柄や仕事ぶりなどを確認する作業）を通して、その人物が上記のような性質を持つのか持たないのかを示す逸話を探し出す。たとえば「好奇心」の程度を知るのに「あなたは好奇心旺盛ですか」と尋ねてもダメだ。自分を向上させることができると信じているか、学ぶことを心から楽しめるか、失敗の後で軌道修正できるか――こうした兆候を探すのだ。相手に次のような質問をするといい。

- ●他人に反論された時、どのように反応しますか。
- ●自分のチームを他人がどう評価しているか聞かせてもらうにはどうすればいいでしょう。
- ●考え方や経験、個人としての成長の可能性を広げるために何をしますか。

●組織内に学びの文化を育てるにはどうすればいいでしょう。
●「いまは未知だが知らねばならないこと」を見つけ出すために、どのような手順を踏みますか。

必ず具体的なエピソードを尋ねるようにして、好奇心の程度を探る場合と同じように、綿密に相手のモチベーション、洞察力、愛着心、意志力を読み取ろう。リファレンスチェックのため採用候補者をよく知る上司や同僚、部下から話を聞く時も、同じように細かい点まで聞き出すべきだ。

あなたがリーダーなら、こうしたインタビューのコツを組織全体に知らしめる必要がある。研究によれば、優れた面接者による採用候補者の評価は入社後の仕事ぶりと高い精度で一致するのに対し、一部の面接者の意見はコイントスよりも精度が低い。それにもかかわらず、ビジネススクールや雇用主から正しい評価テクニックを教えられたマネジャーはほとんどいない。役職者向け人材管理プログラムの参加者に筆者が調査したところ、評価方法について会社から十分な研修を受けたと考える人は30％しかいなかった。どうやら大半の組織は、デキの悪い採用候補者を支持してデキる候補者を根こそぎ追い払う権限を与えられた人々で満ちているらしい。

対照的に、雇用プロセスを重視する企業は成功確率を大いに高めることになる。たとえばアマゾンは、社内に熱心なリクルーターが何百人もおり、人材評価の充実した訓練プログラムがあり、しかも多数の公認〝バー・レイザー〟（ハードルを上げる人）さえいる。これは、社内に本職がありながらも人材評価のスキルを買われ、自分とは無関係の部門の採用面接にも同席する権利を与えられた社員のことだ。自分一人の反対で採用候補者を落とす「拒否権」も与えられている。

ブラジルの鉱業グループ、通称「ヴァーレ」で知られるコンパニア・ヴァーレ・ド・リオドセも、ロジャー・アグネリがCEOを務めた2001年から2011年の間、エゴンゼンダーの協力を得て、アマゾンと同様のしっかりした人材評価手法を導入した。

アグネリの在籍中、上級管理職を選ぶ際は一つの例外もなく、社内外のすべての候補者について第三者の専門家による客観的評価を経たうえで決定した。担当マネジャーは仮に候補者がその分野や部門での実務経験がなかったとしても、本人のモチベーション、好奇心、洞察力、愛着心、意志力の可能性を高く評価するよう奨励された。「我々の長期的戦略と過酷な目標に情熱を感じて本気で取り組もうとする人でなければ、けっして採用されることはなかったでしょう」とアグネリは振り返る。

この方法で採用または昇進となった上級管理職は、世界中でざっと250人に上る。そしてこの方法はきちんと成果をもたらした。ヴァーレは、ブラジルおよび南米地域の同業他社を業績面で大きく引き離し、鉱業界のグローバルプレーヤーとなったのである。

## デキる社員の転職を防ぐ4つの〝T〟

真に潜在能力を持った人材を採用したり社内で見つけたりしたら、次は引き留めに全力を注ぐ必要がある。何しろ逼迫した採用市場で同じ人材難に苦しむ競合は、喜んで彼らを誘惑するはずだ。アグネリがヴァーレの仕事で最も誇りとするのは、自分の采配が生んだ巨大な収益や利益、株価上昇ではなく、社内で昇進するリーダーの質が向上した点だという。「(私がCEOになって)5~6年のうちに、社内の最高レベルの役職は皆、生え抜き社員が占めるようになりました」。さらにアグネリは、優れたチームを生み出し、社内に引き留める能力こそが、あらゆる組織とその指導者にとって成功の〝カギ〟になると言う。

まさにその通りで、2011年にヴァーレの株式の61%を握るブラジル政府がその影響力を駆使してアグネリを早期の辞職に追い込むと、それから1年以内に執行役メンバー8人のうち7人が自発的に辞職する結果となり、ほどなく同社の時価総額はほぼ半減した。ブラジル経済とコモディティへの過剰な期待が醒めてきたことも、たしかに一因だろう。だが、ヴァーレの最大の競合相手であるリオ・ティントとBHPビリトン(の時価総額)が、同じ期間にはるかに少ない落ち込みで済んだことを考慮すると、やはりヴァーレが傑出した経営チームを失った点に投資家が反応したと見られる。

アグネリの率いたヴァーレを見習い、その後の同社のような凋落を避けるにはどうすればいいのか――。それには、高い潜在能力を持つ社員が会社に何を一番求めているかを考えればよい。ダニエル・H・ピンクが『モチベーション3・0(注)』で説明したように、大半の人(特に知識労働者)は3つの基本的要素によって活力を得る。自分の人生を自由に決める「自律性」、何かに熟達したいという欲求、すなわち「マスタリー」、そして自分を超える何かに役立つ仕事をしたいという「目的」である。

たしかに給料も大事だ。すべての社員、とりわけ期待される成長株なら、自分の貢献や努力が報酬に反映されることを望み、似たような仕事をしている人と同水準であるのが当然と考える。とはいえ筆者の経験によれば、不当に安い給料がモチベーションを下げるのは間違いないものの、給料が一定レベルを超えると、その重要性は多くの人が思うよりはるかに小さくなる。弊社を通して採用され、新しい職場で実績を上げながらも3年以内に再び転職した人々を筆者がよく調べた結果、その85％はより高い職位に引き抜かれており、潜在能力を持つ有能な人材であったことが証明された。だが、転職の一番の理由として給料アップを挙げたのは、彼らのうちわずか４％しかいなかった。転職理由として給料より多かったのは、上司への不満、会社の支援不足、成長機会の喪失であった。

したがって、自社のスター社員にはそれなりの給料、できれば平均より多く払うことを勧める。しかしそれだけでなく、４つの〝T〟について自治権を与えよう。その４つとは、「タスク」（何をするか）、「タイム」（いつするか）、「チーム」（誰と一緒にするか）、「テクニック」（いかにそれをするか）である。困難だが達成可能な課題を与え、集中できる環境を整えることで、４つの〝T〟を体得させるのだ。そして彼らスター社員には、チームや組織、社会にとって大きな課題に取り組ませるとよい。

ジェフ・ベゾスを筆頭にアマゾンのリーダーは皆この点が非常に巧い。アグネリおよび彼のヴァーレ時代の経営チームも、やはり上手だった。しかしアグネリがヴァーレを去った後、同社はそれまでと同じように社内のリーダーのやる気を引き出す環境を維持できず、スター社員の多くは転職の道を選ぶことになった。

## ちょうどよい負荷を与える

最後の仕上げとして、潜在能力を持つと見抜いたスター社員には、間違いなく本来の力を発揮させなければならない。そのためには居心地のよいぬるま湯から彼らを追いやり、成長機会を与える必要がある。33カ国で営業するANZ（オーストラリア・ニュージーランド銀行）の人事部門最高幹部のジョナサン・ハーベイはこの点を次のように説明する。「役職者を育てて、いずれ指導的立場に就かせるために当社がいつも最大限に力を入れているのは、いかにしてちょうどよい苦しさを与える役割やプロジェクトを本人に課すか、という点です。なぜなら、学びの大半はちょうどよい苦しさの中で生まれるからです。本人の限界を超えた重荷は課したくありません。しかし我々は、広角レンズで世界を見ることができるバランスの取れた価値重視のリーダーがほしいのです。そして人々は、ほどよく苦しむ仕事を課されることで、まさにそのようなリーダーに育つのです」

高い潜在能力を持つ人材を苦しめないとどうなるか、その好例として筆者はよく日本を取り上げる。2008年、筆者はエゴンゼンダー東京オフィスの荒巻健太郎とともに日本の上級役職者を採点した。彼らの潜在能力（いまより大きな役割と責任を引き受ける能力について、前述の指標を用いて我々コンサルタントが客観評価した）と、実際のコンピテンシー（**章末**「潜在能力以外の人材評価ポイント」に掲げたリーダーに必要な8つのコンピテンシーについて、筆者らコンサルタントが客観評価した）を対比して点数化したのだ。

これらの数値を筆者らのデータベースにある世界中の上級役職者の平均点数と比較したところ、何とも不思議な点が一つあることがわかった。日本のプロフェッショナルは潜在能力で世界平均を上回っていたのに、実際のコンピテンシーは世界平均を下回っていたのである。〝素材〟は素晴らしいのに〝最終製品〟は低品質というわけだ。

問題は日本の人材育成プロセスにある欠陥であった。そしてその欠陥はいまでも解決されていない。すなわち、日本文化の一部である強い職業倫理、さらには教育機関のおかげもあり、日本のプロフェッショナルはマネジャーとしてのスタート地点では有利な場所に立つことになる。ところが実際に働き始めると、彼らの成長は阻止されてしまうのだ。日本では伝統的に、一つの会社の一つの事業部だけで育った人が一歩ずつ出世の階段を上ってリーダーとなる。通常、あるリーダー職の候補者として最年長になるまではそのポストを得られないため、それまでは控えめに出番を待っているのである。

つい最近も、東京に本社のある世界的な巨大複合企業から当社が依頼を受け、その企業を率いる上位十数人のシニアリーダーを評価する機会があった。全員が50代半ばから後半の年齢だった。その企業は複数の業界と市場を股にかけて業務を行っており、本来ならば役職者の育成にはうってつけの環境であるはずだ。ところが、評価対象である十数人のシニアリーダーのうち、複数の事業分野で働いた経験があるのはわずか1人だけ。日本以外の国で働いた期間は平均でわずか1年間。英語スキルも皆非常に低かった。このため、現職CEOの後継者としてふさわしい候補者は一人もいない、という結果になった。残念なのは、誰もが就職時には好調なスタートを切っていたことである。彼らは工学を修め、R&Dや製品戦略・マーケティングで平均20年以上のキャリアを積んでいる。しかし、その間に彼らの潜在能力が活かされることはなかったのだ。

高い潜在能力を持つ人材に、ただまっすぐな階段を上らせ、徐々に大きな仕事、予算、スタッフを与えれば、成長はし続けるだろう。だがその成長は加速しない。一方、複雑かつ困難で毎回内容の異なるやっかいな仕事を与えていけば、加速度的に成長することになる。筆者らは最近、世界各国823人の役職者にアンケートを実施し、キャリアを振り返って何が自分の潜在能力を解放するのに役立ったかを答えてもらった。回答者の71%が挙げた一番の答えは「無理しないとこなせない仕事」であった。「ジョブローテーション」と「個人的メンター」が同率で2位だった。

では、組織内の人々に彼らが必要とする「無理しないとこなせない仕事」と「ジョブローテーション」を確実に与えるにはどうすればいいのだろうか。

ここでまた先ほどのANZを取り上げよう。同社はアジア全域に事業を拡大した2007年から2010年にかけて大量の人員を採用し、それに引き続いてリーダー養成課程も見直すと決めた。この取り組みの中心となったのは、同行が「ビジネスクリティカル（事業に欠かせない）職」と呼ぶポストだ。これは同行の戦略的課題の実現に重大な貢献をするポスト、持つ人の少ない貴重なスキルセットを必要とするポスト、担当者いかんで成果が大きく上下するポスト、空席になると事業自体の継続や業績の勢いが大きなリスクにさらされるポスト、である。

ANZはマネジャー職の社員全員について必ず潜在能力を査定し、そのスコアが高い人から上記の「ビジネスクリティカル職」に就かせるようにした。ほかにも人材育成の新基軸として「ゼネラリスト銀行員プログラム」が導入された。毎年10～15人の参加者に2年間のジョブローテーションの機会を与え、企業向け金融、商業銀行、リテールの各銀行業務やリスク管理、業務部門を経験させ、産業と企業について幅広い知識を身につけさせる。その後で参加者は腰を据えた仕事に取り組み、特定の地域や文化、商品、または顧客対応などの経験を積むことに集中する。さらに、銀行管理の枠組みを確実に理解するため、全員が必ず内部監査部門も経験する。このプログラムは15年間続ける予定で、一国を担当するCEOを生み出すことを最終目標としている。

このようにきちんとした制度を導入したことにより、すでに目に見える成果が実りつつあるようだ。3年前にはANZの上級管理職ポストの70％が社外からの採用だったのに対し、いまではその割合は20％未満になっている。社内アンケート調査によれば、「従業員エンゲージメント」（会社への愛着心）は64％から72％へと上昇し、顧客サービスと品質に対する従業員の熱意で測る「前年同期比の業務卓越性」（パフォーマンス・エクセレンス）は68％から78％へと跳ね上がっている。さらに同行は別の面でも恩恵を得た。定評のあるグリニッジ・アソシエーツの顧客調査でアジア太平洋地域の国際銀行として2年連続で第4位に選ばれたのである（2008年には12位だった）。

＊＊＊

地政学的要因、事業環境、産業動向、そして仕事内容があまりに急速に変化しているため、成功に必要なのはどの種のコンピテンシーになるのか、わずか数年先のことさえ予測できない。したがってなるべく潜在能力が高い人材を見つけ、育てることが不可欠だ。

次のような性質を持った人材を探せばよい。困難な目標を達成しようと自分を高めることに強いモチベーションを抱きつつも、自己利益よりグループを優先する謙虚さを兼ね備える人。飽くなき好奇心を原動力に、新しい考え方や方向性を探求する人。他人が気づかない関連性を見抜ける鋭い洞察力を持つ人。自分の仕事や周囲の人々に強い愛着心を抱く人。挫折や障害を乗り越える強い意志力を持つ人――。

もちろん、知性、経験、実績、そして各種のコンピテンシー（とりわけリーダーシップに関するもの）

といった要素を無視していいわけではない。しかし、採用時には上記のような潜在能力を重視すること、そして組織のあらゆる階層において、潜在能力を持つ人材を巧みに会社に引き留めたり、社内で育成したりすることが、いまや最優先すべき課題なのである。

## トップ人材の潜在能力

潜在能力を重視することで、組織のどの階層であろうと人材発掘は改善されうるが、とりわけ一番トップの人材を探す際にその効果が大きい。若手のマネジャーを探す場合とは異なり、CEOや取締役を選ぼうとすると十分な資格と経験、コンピテンシーを持つ候補者が何人も見つかることが多いだろう。だからこそ、候補者のモチベーション、好奇心、洞察力、愛着心、意志力を正確に評価することがいっそう重要となる。

CEO職については非常に早い段階から後継者選びを始める必要がある。新CEOの着任と同時に始めるのが理想的だが、どんなに遅い場合でも、予想される退任時期の3~4年前には着手すべきである。エゴンゼンダーでは、企業のCEOが3~4年よりはるかに長く現職に留まると予想される場合でさえ、後継者選びに手を貸している。経営幹部レベルより2~4ランク下の人々を対象に潜在能力を評価して、会社に引き留めて育成すべき人材を選ぶ。その中からいずれ経営トップの座を争うようになる人材が何人か出ることが狙いだ。

筆者の知る傑出した取締役は、自分が音頭を取って、十分なコンピテンシーのある経営幹部をクビにしたことがいままでに2回ある。幹部に十分な潜在能力がなかったというのが理由だ。最高の成長機会でもある経営幹部ポストは、潜在能力のある人材にこそ与えたいと彼女は考えたのだ。取締役の選任にも同様の縛りが必要だ。

弊社の英国オフィスは最近、名高い小売グループ、ジョン・ルイス・パートナーシップが2つの執行権のないディレクター職について候補者の1次選考を行うのに手を貸し、本文で解説した潜在能力の各要素、とりわけ「好奇心」を中核的な評価基準として用いた。結局のところ、企業のリーダー格が学び、成長し、新たな環境に適応するための潜在能力を持たなければ、その能力を持つ伸び盛りの従業員やマネジャーから敬意を得ることはできないのだ。

## 潜在能力以外の人材評価ポイント

いまや経営幹部を選ぶ際には潜在能力を決定的な評価基準とすべきであるが、そうは言っても、いままで長い時間をかけて得てきた人材評価の知恵をすべて捨て去るのは間違いであろう。

### 知性

あなたの会社ではおそらく人材評価にIQテストは使っていないだろう。しかし、相手の学歴や職歴、質問への答えなどから総合的な知性(分析、言語、計算、および理論による推論能力)を評価することも大切である。天才を探す必要はない。ほとんどの仕事は一定レベルの知性があれば十分であり、それを超える知性があっても成果にはほとんど影響しない。それでもやはり採用相手には仕事に必要なだけの知性を求めるべきだ。というのも、総合的な知性は長い時間をかけても劇的には向上しないからだ。

### 価値観

価値観は決定的に重要である。しかも、採用後に仕事を通して価値観を植え付けることはできない。したがって、面接やリファレンスチェックの際には正直さや高潔さといった基本的事項だけを見るのでなく、相手が自社のコアバリューを共有できるか否かも探り出そう。

### リーダーとしての技能

シニアマネジャーを探す場合、いくつかのコンピテンシーは評価基準としてふさわしい（ただし、それだけでは十分ではない）。役職や組織が違っても、優れたリーダーは共通して次の8つのコンピテンシーをある程度は備えている。

**❶戦略志向**

広範で複雑、しかも分析的かつ概念的な考え方をする能力。

**❷市場に対する洞察力**

市場を深く理解しており、それが事業にどのような影響を及ぼすか、きちんと把握している。

**❸結果志向**

事業の主だった指標を目に見える形で改善するのだという強い意志。

**❹顧客への影響力**

顧客サービスに情熱を持っている。

**❺コラボレーションと巻き込み**

自分の指揮系統の外にいる人々まで含め、仕事仲間やパートナーと上手に共同作業できる能力。

**❻組織の育成**

トップレベルの人材を引っ張り込んだり育てたりして、自社の実力を高める能力。

**❼チームリーダーシップ**

きちんと各チームに目を配り、目標を与え、仕事のできるチームに育てる。

**❽チェンジリーダーシップ**

組織を変革し、新しい目標に舵を切り直させる能力。

潜在能力を評価するのと同様、面接とリファレンスチェックによって上記のコンピテンシーを評価すべきだ。採用候補者が以前、似たような環境でそれらの能力を発揮したかどうか確かめるのである。

【注】

Daniel H. Pink, *Drive: The Surprising Truth About What Motivates Us*, Riverhead Books, 2009. 邦訳は講談社、2010年。

## 『Harvard Business Review』（HBR）とは

ハーバード・ビジネス・スクールの教育理念に基づいて、1922年、同校の機関誌として創刊された世界最古のマネジメント誌。米国内では29万人のエグゼクティブに購読され、日本、ドイツ、イタリア、BRICs諸国、南米主要国など、世界60万人のビジネスリーダーやプロフェッショナルに愛読されている。

## 『DIAMONDハーバード・ビジネス・レビュー』（DHBR）とは

HBR誌の日本語版として、米国以外では世界で最も早く、1976年に創刊。「社会を変えようとする意志を持ったリーダーのための雑誌」として、毎号HBR論文と日本オリジナルの記事を組み合わせ、時宜に合ったテーマを特集として掲載。多くの経営者やコンサルタント、若手リーダー層から支持され、また企業の管理職研修や企業内大学、ビジネススクールの教材としても利用されている。

ハーバード・ビジネス・レビュー HR論文ベスト11

**人材育成・人事の教科書**

2020年8月26日　第1刷発行

編　者——ハーバード・ビジネス・レビュー編集部
訳　者——DIAMONDハーバード・ビジネス・レビュー編集部
発行所——ダイヤモンド社
〒150-8409　東京都渋谷区神宮前6-12-17
https://www.diamond.co.jp/
電話／03·5778·7228（編集）　03·5778·7240（販売）
装丁デザイン—デザインワークショップJIN（遠藤陽一）
製作進行——ダイヤモンド・グラフィック社
印刷————八光印刷（本文）・ベクトル印刷（カバー）
製本————本間製本
編集担当——大坪亮


ISBN 978-4-478-10915-1